公共图书馆社区服务

黄小平 著

国家图书馆出版社

图书在版编目(CIP)数据

公共图书馆社区服务 / 黄小平著. —北京:国家图书馆出版社,2020.8
ISBN 978 - 7 - 5013 - 7002 - 3

Ⅰ.①公…　Ⅱ.①黄…　Ⅲ.①公共图书馆—图书馆服务—社区服务—研究—中国　Ⅳ.①G259.252

中国版本图书馆 CIP 数据核字(2020)第 058596 号

书　　名　公共图书馆社区服务
著　　者　黄小平　著
责任编辑　高　爽
封面设计　北京麒麟轩文化发展有限公司

出版发行　国家图书馆出版社(北京市西城区文津街 7 号　100034)
(原书目文献出版社　北京图书馆出版社)
010 - 66114536　63802249　nlcpress@ nlc. cn(邮购)
网　　址　http://www. nlcpress. com
排　　版　北京金书堂文化发展有限公司
印　　装　河北鲁汇荣彩印刷有限公司
版次印次　2020 年 8 月第 1 版　2020 年 8 月第 1 次印刷

开　　本　710 × 1000(毫米)　1/16
印　　张　11.75
字　　数　186 千字
书　　号　ISBN 978 - 7 - 5013 - 7002 - 3
定　　价　60.00 元

目　录

绪　　论

一、公共图书馆与社区服务

1. 社区的定义和分类

“社区”一词，最初是由德国社会思想家滕尼斯于1887年在其成名作*Gemeinschaft und Gesellschaft*中提出来的。他认为，“Gemeinschaft”是那些具有某种文化共性的同质人口所组成的亲密的社会利益共同体。1957年，芝加哥大学在重版滕尼斯的这部著作时，将其翻译为*Community and Society*。1933年，燕京大学社会学系学生费孝通等人认为将“community”翻译为“地方社会”并不恰当，首次引入“社区”一词，并将“社区”解释为“人们在地缘基础上结成的互助合作的群体”。

在滕尼斯提出社区这一概念以后，社区日益成为社会学的一个重要概念。在社会学意义上，社区包括公社、团体、社会、公众以及共同体、共同性等多种复杂而丰富的含义。根据美籍华裔社会学家杨庆坤的统计，社区的定义多达140余种①。虽然学界对社区的定义没有达成一致意见，但均认同社区应具备五大要素：一是地域要素，即社区要有一定的边界，在地理空间上要有“共地性”；二是人口要素，即社区人口的数量、构成、分布和流动；三是生态要素，即社区都具备一定的地理和资源条件；四是结构要素，即社区的组织结构和制度；五是心理要素，即社区居民的归属感。

对社区类型的划分，一度是学者们研究的重点。学者们不同的视角和不同的研究重点，导致社区分类标准呈现出多元化状态。例如，滕尼斯将社区

① 张俊浦，李朝．社区：从一个社会学概念到一种基本的分析框架[J]．甘肃理论学刊，2008(5):90－93.

分为地区社区、精神社区、血缘社区三种类型；美国社会学家麦肯齐根据社区的区位体系，将社区分为基本服务社区、商业社区、工业城镇、其他社区四类。其他常见的社区类型划分还包括：根据社区功能的不同，将社区分为经济社区、政治社区、文化社区、军事社区、旅游社区和特殊社区等；根据社区的规模，将社区划分为巨型社区、大型社区、中型社区、小型社区和微型社区五种；根据社区的形成机制，将社区划分为血缘社区、业缘社区、趣缘社区等类型；根据社区形成方式，划分为人为划定的社区和自然形成的社区；根据社区的存在形式，划分为真实社区和虚拟社区；根据文化属性，划分为华人社区、客家社区、穆斯林社区等；根据行政区划，又可划分为城市社区、乡镇社区、村屯社区等类型。随着城市化进程的加快以及互联网的普及，大量农村人口涌入城市，有学者又将社区划分为城市社区、农村社区、中介社区和虚拟社区四种类型，其中中介社区是指城市化进程中出现的介于城市社区和农村社区之间的“都市里的村庄”，虚拟社区则指网络上的虚拟社群，如天涯社区①。

2000 年 11 月 3 日，我国民政部颁布的《民政部关于在全国推进城市社区建设的意见》指出，“社区是指聚居在一定地域范围内的人们所组成的社会生活共同体”；并进一步指出，目前城市社区的范围，一般是指经过社区体制改革后做了规模调整的居民委员会辖区。也就是说，同属于一个居委会辖区的可能是一个居住小区，或几个居住小区。农村社区是人类社会最早出现的社区，是指居住在农村内以农业生产为主要谋生手段的人口组成的社会共同体，是农村社会服务管理的基本单元。在我国，所谓农村社区即指一个个的村庄。

了解社区类型，把握不同社区的特点，对于图书馆社区服务研究具有重要的理论意义和现实意义。

2. 公共图书馆社区服务的兴起和特点

(1) 公共图书馆社区服务的兴起

社区服务最早起源于 18 世纪中期的英国，是资本主义国家早期社会福利的一种形式。在中国，1987 年 7 月，民政部在大连市召开民政工作现场座谈会，正式提出了开展社区服务的构想。同年 9 月，民政部在武汉主持召开全国城市社区服务工作座谈会，对社区服务的性质、目的与功能进行了定位，

---

① 苗艳梅. 关于社区及社区类型的研究述评[J]. 湖北广播电视大学学报,2000(2):37 - 39.

即“在社区内为人们的物质生活和精神生活所提供的各种社会福利与社会服务，它的目的就是在于调解人际关系，缓和社会矛盾，创造一个和谐、良好的社会环境”①，并把社区服务作为城市的区政府及其派出机构街道办事处的一项重要工作。

公共图书馆社区服务，是指公共图书馆利用自身的资源，主动为社区居民提供的情报信息、休闲娱乐、专业指导、参考咨询等服务。最早的图书馆社区服务可以追溯到19世纪英国的城市街区服务，之后，欧洲一些国家也相继出现社区服务。20世纪60年代，美国底特律公共图书馆配合政府开展社区服务工作，组建了专门的公共图书馆社区服务机构。随后，美国其他城市乃至世界各国纷纷效仿，图书馆社区服务工作逐渐兴起。这一时期，美国图书馆界还发起了“社会责任大讨论”，英国图书馆界发起了“社区图书馆运动”，为公共图书馆开展社区服务创造了新起点。1994年《联合国教科文组织公共图书馆宣言》明确提出，在信息、扫盲、教育和文化方面，公共图书馆应确保居民获得各种社区信息，并向当地的企业、社团和利益集团提供必要的信息服务。1997年，IFLA成立了由多个国家的图书馆或图书馆协会组成的社会责任讨论小组（SRDG），关注信息鸿沟、图书馆资源的平等利用以及乡村图书馆的发展问题。随着公共图书馆事业的发展，图书馆的社区服务职能越来越受到重视，已经成为公共图书馆拓展服务范围、实践公共图书馆平等服务原则的主要途径。

在我国，2006年，国务院发布《关于加强和改进社区服务工作的意见》（以下简称《意见》），将城市社区服务的重点领域和内容分成七个方面，社区文化、教育、体育服务位列其中，《意见》要求发展面向基层的公益性文化事业，逐步建设方便社区居民读书、阅报、健身、开展文艺活动的场所②。2007年，中共中央办公厅、国务院办公厅发布《关于加强公共文化服务体系建设的若干意见》，提出要加强社区文化中心、乡镇综合文化站、村文化活

---

① 李亚平，吴铎. 1996年YMCA社区服务国际研讨会论文集[M]. 上海：华东师范大学出版社，1997：42－43.

② 国务院. 国务院关于加强和改进社区服务工作的意见[EB/OL]. [2018－09－25]. http://www.gov.cn/zhuanti/2015-06/13/content_2878969.htm.

动室等基层文化阵地建设。2015年1月，中共中央办公厅、国务院办公厅印发《关于加快构建现代公共文化服务体系的意见》，要求依托城乡社区综合服务设施，加强城市社区和农村文化设施建设；以县级文化馆、图书馆为中心推进总分馆制建设，加强对农家书屋的统筹管理，实现农村、城市社区公共文化服务资源整合和互联互通，进而促进城乡基本公共文化服务均等化①。2015年10月，国务院办公厅发布《关于推进基层综合性文化服务中心建设的指导意见》，提出要推进县域内公共图书资源共建共享和一体化服务，加强村（社区）及薄弱区域的公共图书借阅服务，整合农家书屋资源，设立公共图书馆服务体系基层服务点②。一系列政策的出台，为社区图书馆建设和公共图书馆社区服务的开展提供了政策保障；同时，我国图书馆界逐渐兴起了以基本公共文化服务均等化为目标的、包括社区图书馆在内的基层图书馆建设和服务。

（2）公共图书馆社区服务的特点

公共图书馆社区服务与其他服务相比，有其自身特点。

一是社区服务需求的多样性。这一特性在城市社区中尤为明显，社区居民往往由来自不同行业、不同层次的多种人群组成，如工人、教师、学生、商人、艺术家、公务员、进城务工人员等，他们有着不同的兴趣、爱好和审美观，从事着不同的职业，年龄也各不相同，因而也就有着不同的精神文化需求。公共图书馆社区服务就是要满足社区居民日常生活、终身学习、求职就业、娱乐休闲、健康养生、专业指导等多方面的、不同层次的需求。

二是社区服务内容的地域性。地域性是社区文化最显著、最基本的特征，是社区文化长期发展和沉淀的结果，每一个居民都生活在一个被大多数居民所认可的具有地域特征的文化环境中。图书馆要为社区居民提供文化服务，必须考虑其文化的基本特征，并在服务内容上加以体现，同时鼓励居民积极参与，使其更贴合居民的实际需求。

---

① 中共中央办公厅，国务院办公厅. 关于加快构建现代公共文化服务体系的意见[EB/OL]. [2018-09-25]. http://www.fdi.gov.cn/1800000121_23_72063_0_7.html.

② 国务院办公厅. 关于推进基层综合性文化服务中心建设的指导意见[EB/OL]. [2018-09-25]. http://www.gov.cn/zhengce/content/2015-10/20/content_10250.htm.

三是服务重点更关注弱势群体的需求。空巢老人、留守儿童、残疾人、优抚对象、特困户等弱势群体历来是我国社区服务的重点对象。2016 年 10 月，在民政部等 16 部委联合下发的《城乡社区服务体系建设规划（2016—2020 年）》中，将切实保障老年人、未成年人、残疾人、优抚对象、困难群体等的服务需求，推动城乡基本公共服务均等化作为城乡社区服务体系建设的重点任务之一①。公共图书馆社区服务当然也不例外，将弱势群体作为重点服务对象。

四是社区服务的便捷性和普惠性。公共图书馆社区服务网点是提供公共文化服务的基础平台，使公共文化服务能够延伸到城乡社区的重要机构，其便捷性与普惠性直接决定了图书馆社区服务的效能。图书馆社区服务要想扎根社区，须统筹考虑人口规模、需求结构和服务半径等因素，在地点上方便群众就近使用。

五是社区服务方式的主动性。公共图书馆社区服务不是坐等读者上门，而是通过组织各种形式的文化活动和宣传活动，不断增进居民对图书馆服务的了解、促进居民参与和互动，使群众逐渐认可、重视和信赖图书馆。社区居民的多元化、多层次特点决定了并不是每个人都了解或知晓图书馆，要想达到真正的普惠平等，“主动出击”的服务方式是图书馆社区服务必不可少的手段之一。

六是社区服务主体的多元化。在坚持政府主导的基础上，我国政府历来鼓励社会力量参与公共服务体系建设。2006 年，国务院发布的《关于加强和改进社区服务工作的意见》提出在社区服务工作中应坚持社会化的基本原则，发挥政府、社区居委会、民间组织、驻社区单位、企业及个人在社区服务中的作用②。而引入市场机制，激发各类社会主体参与是我国公共文化服务建设的基本原则之一。因此，图书馆社区服务主体也呈现出多元化的趋势，企业、社会组织、个人等已成为图书馆社区服务建设的重要补充

① 民政部，中央组织部，中央综治办，等. 城乡社区服务体系建设规划（2016—2020 年）[EB/OL]. [2018 - 09 - 25]. http://www.ndrc.gov.cn/fzgggz/fzgh/ghwb/gjjgh/201707/W020170707605147847341.doc.

② 国务院. 国务院关于加强和改进社区服务工作的意见[EB/OL]. [2018 - 04 - 23]. http://www.gov.cn/zhengce/content/2008-03/28/content_6609.htm.

力量。

二、我国公共图书馆社区服务研究现状

早在20世纪90年代，我国学者就提出突破按行政区域设置公共图书馆的传统模式，建立社区图书馆①。此后，我国图书馆界逐渐开始对社区图书馆进行研究，在1998年至2002年期间，关于社区图书馆的研究文献明显增多。2002年初，中国图书馆学会成立社区乡镇图书馆专业委员会，全国哲学社会科学规划办公室将“社区图书馆功能及发展模式研究”列入了国家社会科学基金项目指南，引发了我国社区图书馆研究的高潮②。据统计，2002年有关社区图书馆方面的文献共30篇，占整个历史时期相关文献总量的41%，这在一定程度上反映了我国图书馆界对社区图书馆理论和实践研究的日益重视。在研究内容上，除了对国外社区图书馆的介绍性和报道性文章外，我国学者还对社区图书馆的概念、特征、类型、组建模式、管理机制、未来的发展方向等进行了研究，提出一些非常有意义的观点和看法，如卢子博认为我国9亿农民和广大城市居民提供了乡镇图书馆和城市社区图书馆的发展土壤，这预示着乡镇图书馆和城市社区图书馆在未来具有巨大的发展潜能③。总体来看，这一时期有些问题的研究仍有待进一步深入，如社区图书馆的管理机制、图书馆法中有关社区图书馆建设方面的规定、社区图书馆的服务内容和方式、社区图书馆与其他类型的图书馆之间如何加强合作活动等④；且这一时期真正开展社区图书馆建设的地区相对较少，对实践经验的总结和梳理较少，这使得理论研究缺乏实践的支撑。

2004年，我国提出构建民主法治、公平正义、诚信友爱、充满活力、安定有序、人与自然和谐相处的社会主义和谐社会；2005年，党的十六届五中

---

① 廖子良. 建立社区图书馆刍议[J]. 图书馆界,1992(4):4 - 8.

② 何琳,喻文. 我国社区图书馆研究论文计量分析[DB/OL]. [2018 - 11 - 01]. http://www.chinalibs.net/ArticleInfo.aspx?id = 225139.

③ 卢子博. 关于中国图书馆事业未来发展走向的几个问题[DB/OL]. [2018 - 10 - 15]. http://www.chinalibs.net/ArticleInfo.aspx?id = 260573.

④ 肖永英. 20世纪90年代以来我国社区图书馆研究述评[DB/OL]. [2018 - 10 - 15]. http://www.chinalibs.net/ArticleInfo.aspx?id = 125643.

全会第一次正式提出“逐步形成覆盖全社会的比较完备的公共文化服务体系”；2007年8月，中共中央办公厅、国务院办公厅印发了《关于加强公共文化服务体系建设的若干意见》；2013年，《文化部“十二五”时期公共文化服务体系建设实施纲要》发布，提出到2015年初步建立覆盖城乡、结构合理、功能健全、实用高效的公共文化服务体系。社区图书馆作为公共文化服务体系的重要组成部分，在营造社区文化氛围、改良社会风气、构建和谐社区方面发挥着积极作用，社区图书馆的建设在公共图书馆界引起了更为广泛的关注。此外，在21世纪初的10年间（2003—2013），信息技术在图书馆得到了更为广泛的应用，社区图书馆的研究出现了新的热点和研究方向，研究视角也更加深入和细化，这一时期的研究内容主要包括：①社区图书馆组建模式，主要关注总分馆模式和多元主体参与的联办模式；②社区图书馆服务，更加关注社区居民实际需求，尤其是残疾人、农民工等弱势群体的需求；③社区图书馆的数字化建设，分析社区图书馆数字化建设现状及存在的问题，提出解决办法、建设目标和途径；④社区图书馆文献信息资源建设，针对社区图书馆馆藏数量少、更新慢、供求矛盾突出等问题提出建议；⑤社区图书馆评估，尝试在我国已开展的公共图书馆评估的基础之上，探索社区图书馆建设和管理的规范化、标准化和科学化[①]；⑥国内外社区图书馆的比较研究，主要是对西方发达国家如英、美等国家社区图书馆与我国社区图书馆进行比较，分析发达国家社区图书馆在建设、服务、理念等方面的特点和先进经验，以期对我国社区图书馆的发展有所借鉴。

近五年来，我国公共文化服务体系建设取得了一定成果，初步建成了包括国家、省、地市、县、乡镇（街道）、村（社区）在内的六级公共文化服务网络；出台了一系列有关公共文化服务体系建设的政策，《中华人民共和国公共文化服务保障法》（简称《公共文化服务保障法》）、《中华人民共和国公共图书馆法》（简称《公共图书馆法》）也相继出台，公共文化体系建设呈现重心下移、资源下移、服务下移的趋势，向城乡基层延伸，成为公共文化服务体系建设发展的新方向。在此背景下，社区图书馆作为公共图书馆服

① 唐俐俐. 我国社区图书馆研究(2004—2013)述评[J]. 当代教育与文化,2015(1):113－116.

务网络的神经末梢，对其的研究和关注度也大为增加。

这一时期社区图书馆的研究呈现出以下特点：

一是理论结合实践的研究增多，这一时期包括乡镇（街道）和村（社区）在内的六级公共文化服务网络初步建成，理论的研究有了更多实践的支撑。

二是对国外社区图书馆的研究突破了以往介绍多于分析的状况，研究更为细致深入，研究内容与我国社区图书馆发展中亟须解决的问题之间的关系更为密切。

三是研究视角更加宽广，社区图书馆的研究已不仅仅停留在图书馆本身，而是从更广泛的视角探索其发展道路，如从经济共享、供给侧改革、公共文化服务均等化、全民终身学习等视角探索社区图书馆的管理、运营和发展。

这一时期社区图书馆的研究内容主要包括：

一是对社区图书馆服务标准和规范的研究。随着社区图书馆服务实践的不断推进，南方一些经济发达地区积极探索和制定了适合当地社区图书馆发展的标准和规范，并对实践经验进行了梳理和总结。刘小斌以东莞图书馆总分馆为例，从政策、国家及行业标准、实际情况、技术等四个层面介绍了在城市图书馆集群服务体系建设中，基层图书馆服务标准化的具体做法，分析了标准化产生的良好效果，如加入总分馆体系的乡镇社区图书馆数量增长迅猛、服务效果明显提升、活动日趋成熟、产生较大经济效益等①。王祝康等人总结了重庆市南岸区以国家公共文化服务体系示范项目建设为抓手，用两年时间建成100个投入稳定、队伍健全、活动丰富、服务效果显著的标准化社区图书馆的经验，提出确保保障措施制度化、构建科学的绩效评价机制、促进项目成果转化和充分发挥示范引领带动作用是社区图书馆后续发展的保障②。2016年5月1日，我国第一部针对社区图书馆的行业标准《社区图书

---

① 刘小斌. 城市图书馆集群下基层图书馆服务标准化实践研究——以东莞图书馆总分馆为例[DB/OL].[2018－11－01]. http://www.chinalibs.net/ArticleInfo.aspx?id=446042.

② 王祝康，张晓耿，余黎萍. 国家公共文化服务体系示范项目——重庆市南岸区社区图书馆标准化服务创建纪实[DB/OL].[2018－11－01]. http://www.chinalibs.net/ArticleInfo.aspx?id=436119.

馆服务规范》正式实施，主要起草人王林等人对该标准进行了详细而深入的解读，以指导社区图书馆将标准应用于服务和管理工作①。2016 年 8 月，浙江省宁波市制定并颁布了全国首个乡镇图书馆地方标准——《乡镇（街道）图书馆建设与服务规范》。王盈从出台背景、主要亮点、指导意义等方面对该规范进行解读，总结归纳了六大亮点，即明确建设和保障的责任主体；指标量化程度高且具有前瞻性；绩效评价“兜底线”与“促发展”相结合；突出“以人为本”的服务和管理理念；引入社会力量，重视志愿者作用；开展读者活动，提升服务效能②。

二是对社会力量参与社区图书馆建设和运营的研究。社区图书馆在资金投入、专业人员、管理服务水平等方面的匮乏，使吸纳社会力量参与社区图书馆的建设、运营和管理成为理论和实践探索的热点之一。李彤分析了海南省图书馆与中国光大银行海口分行合作开办的“海图社区书屋”的建设模式，认为社区图书馆建设并不是任何一种建设模式就能够担当起来的，只有多种模式的共同建设，才能真正迎来社区图书馆建设的大发展③。陆和建等人报道了社会化运作下合肥市滨湖世纪社区图书馆运行管理与文化服务的创新实践，对一个主体、两层延伸、三处创新、四大成效、五体协力的管理与服务体系进行了全面描述，认为社会化运作与传统管理模式相比，在硬件设施建设、软性文化服务方面都有显著的改善，这种横向创新产生的效益是市场化运作的必然结果④。李重阳通过对合肥市部分社区图书馆的社会化管理现状进行调研，认为社区图书馆的社会化管理可以相对减轻地方政府的管理压力，图书馆的管理质量随着专业公司的运作也显著增强，文化企业则通过一系列合法合规的程序融入社区图书馆建设，提高了经济效益，实现了有限

① 王林，师丽梅，肖焕忠，等. 以新服务涵养图书馆的未来——《社区图书馆服务规范》解读[DB/OL]. [2018－11－02]. http://www.chinalibs.net/ArticleInfo.aspx?id=435425.

② 王盈. 全国首个乡镇图书馆地方标准——《乡镇（街道）图书馆建设与服务规范》解读[J]. 图书馆研究与工作，2017(10):43－45.

③ 李彤. 社区图书馆建设新模式：图书馆与银企合作[J]. 图书馆建设，2015(8):72－75.

④ 陆和建，姜丰伟，王蕾蕾. 我国基层公共图书馆管理与服务创新实证研究——以滨湖世纪社区图书馆社会化运作为例[J]. 图书馆，2016(8):104－107.

的资源效用最大化①。鞠彦辉等人提出了一种基于商业模式和共享经济理论构建的农村社区图书馆建设的众筹模式，研究了众筹模式的参与主体、具体运作流程和社会价值创造过程②。李雅和杨乃一将我国基层图书馆社会化运营中企业参与模式分为全馆型服务、半馆型服务和软硬件采购型三种，并分析了社会化运营在专业性、公益性、长效性和服务效能评估等方面的问题③。

三是对社区图书馆读者服务内容的研究。刘丽认为社会工作在工作目标和服务群体上与社区图书馆具有契合性和趋同性，提出社会组织参与、政府购买社会工作服务、高校社会工作专业与社区联动的社会工作介入城市社区图书馆的建设模式④。高小军针对我国传统社区图书馆发展理念滞后、与社区居民实际文化需求严重脱节的现实问题，以深圳市罗湖区悠·图书馆为例，提出现代社区图书馆应以社区为中心，坚持人本、社区、品牌、专业四项发展原则⑤。朱逸琳以绍兴市柯桥区图书馆为例，依托社区居家养老中心、社区居民学校，从社区支持服务、社区治理等理论中研究了社区图书馆助力社区“文化养老”的实践路径⑥。严贝妮和王子寒分析了上海市徐汇区社区图书馆的读者活动，提出社区图书馆开展读者活动的四点经验，即细分读者群体，提供个性服务；关注弱势群体，彰显人文关怀；把握自有资源，探寻外部合作；联通读者群体，跨越交流障碍⑦。

四是对社区图书馆服务评价的研究。纪佳旺选取苏州市内三类具有代表性的社区图书馆，通过实地走访调研的形式，了解社区居民对社区图书馆的

---

① 李重阳. 关于社区图书馆社会化管理调查报告[J]. 铜陵学院学报,2017(5):98－101.

② 鞠彦辉,许燕,韩文琪. 共享经济视角下农村社区图书馆建设的众筹模式研究[DB/OL]. [2018－11－01]. http://www.chinalibs.net/ArticleInfo.aspx?id=424208.

③ 李雅,杨乃一. 基层图书馆社会化运营中企业参与模式及发展对策[J]. 国家图书馆学刊,2018(4):70－76.

④ 刘丽. 社会工作介入城市社区图书馆建设的思考[J]. 图书馆建设,2016(4):87－90.

⑤ 高小军. 以社区为中心的现代社区图书馆服务模式研究[DB/OL]. [2018－11－02]. http://www.chinalibs.net/ArticleInfo.aspx?id=427514.

⑥ 朱逸琳. 新时期公共图书馆助力社区“文化养老”的创新实践[J]. 图书馆研究与工作,2018(9):62－64.

⑦ 严贝妮,王子寒. 公共服务均等化视角下社区图书馆读者服务的调查与分析——以上海市徐汇区为例[J]. 图书馆理论与实践,2018(3):81－86.

服务评价，对不同建立方式的社区图书馆中存在的问题进行归纳，并总结可行性对策。作者认为在图书馆运行中，社区以及图书馆管理者需要根据居民对图书馆的评价和需求及时做出反应，并对实际运行中存在的问题采取相应的措施①。何亚岚采用层次分析法，构建了包含服务环境资源、服务人力资源、服务信息资源、服务效能、服务推广和服务监督保障6个一级指标和23个二级指标的社区图书馆服务质量评价体系，并应用于社区图书馆的实践当中，以读者的打分评价来判定社区图书馆的建设服务情况，最终根据读者对社区图书馆各项指标的打分情况，提出对社区图书馆服务质量的改进策略②。刘瑾通过对第五次、第六次《上海市街道（乡镇）图书馆评估考核标准》进行比照分析，依据长宁区街道（镇）图书馆评估考核工作基本情况，提出评估后的思考和建议③。

五是对国外社区图书馆的研究，主要集中在对英美社区图书馆的服务、运营等的研究，还有少量文献关注日本、法国、澳大利亚等国的社区图书馆服务。曹海霞实地调研了美国香槟县四个城镇/乡村社区图书馆后认为，在社区发展背景下，美国公共图书馆注重与社区建立包容性的合作关系和伙伴关系，确保了图书馆能够倾听社会声音和满足社区发展的需要④。汪其英介绍了美国社区图书馆提供的多种延伸服务，认为我国社区图书馆应借鉴美国的经验，利用现代信息技术提供满足社区居民需求的服务，培养和提高社区居民的信息意识和信息素养，建立社区信息库，并充分发挥社区图书馆的公共空间功能⑤。李英杰对美国图书馆社区参与视角下的服务设计进行了研究，

---

① 纪佳旺.社区图书馆运行及服务评价分析——以苏州市几个典型社区图书馆为例[DB/OL].[2018-11-02].http://www.chinalibs.net/ArticleInfo.aspx?id=435636.

② 何亚岚.社区图书馆服务质量评价体系构建研究——以福州市为例[D].福州:福建师范大学,2017:1-79.

③ 刘瑾.基于第六次上海市社区图书馆评估后的认识与思考——以长宁区街道(镇)图书馆为例[J].图书馆学研究,2017(15):8-11.

④ 曹海霞.美国城镇—乡村社区图书馆发展研究——来自伊利诺伊州香槟县的实证调研[J].图书馆理论与实践,2015(2):32-34.

⑤ 汪其英.美国社区图书馆延伸服务及其启示[DB/OL].[2018-11-02].http://www.chinalibs.net/ArticleInfo.aspx?id=421297.

认为了解社区的多元化需求、发展社区合作、提升社区沟通与交流、强化服务及项目的评估和再评估是图书馆社区参与服务的关键①。刘欣采用网络调研和实际体验等方法，分析了英国伯明翰市社区图书馆读者活动的类型、内容和特点，提出我国社区图书馆应学习其基于用户需求导向的服务精神，深入社区开展服务，准确快速地捕捉社区居民需求的变化，重视与读者之间的交流等服务理念②。文蓉通过参与英国谢菲尔德上索普（Upperthorpe）社区图书馆的志愿者活动，结合文献调研和访谈，分析了该馆的服务和运行机制，认为该馆经过企业托管后已经转型升级为社区科技教育、休闲娱乐和信息交流的中心，其服务内容紧密围绕社区居民的需求，运行管理中体现了共享、共赢以及参与方相互制衡的理念和模式，这对我国社区图书馆的建设和运营具有重要的启示意义③。王晓晨和王筱雯介绍了国外典型社区图书馆的空间建设经验，提出基于“以人为本”的原则，外部空间合理规划布局、内部空间创新功能拓展、内外空间同步发展，将社区图书馆打造成灵活、聚合、多元化亲民的新型文化空间④。

综上所述，近五年来，我国社区图书馆服务研究多集中在社会力量参与社区图书馆的建设以及对国外社区图书馆的借鉴和分析方面，虽然涉及一些社区图书馆建设和服务中亟须解决的问题，如服务标准、服务评价、服务模式和内容等，但整体来看，研究缺乏系统性和深度，研究内容过于分散，难以从中窥视其存在的主要问题与发展机遇。本书的研究目的就是系统梳理国内外社区图书馆发展现状，根据已有的实践经验总结分析适合我国社区图书馆服务的类型、机制和标准，并选取优秀案例进行研究，为我国社区图书馆建设和服务提供参考。

---

① 李英杰. 美国图书馆社区参与视角下的服务设计研究[DB/OL].［2018 - 11 - 02］. http://www.chinalibs.net/ArticleInfo.aspx?id=436269.

② 刘欣. 英国伯明翰市社区图书馆读者活动探究[J]. 图书馆论坛,2016,36(12):115 - 120.

③ 文蓉. 英国社区图书馆的服务和运行机制[DB/OL].［2018 - 11 - 02］. http://www.chinalibs.net/ArticleInfo.aspx?id=436461.

④ 王晓晨,王筱雯. 国外典型社区图书馆空间建设对我国的启示[DB/OL].［2018 - 11 - 02］. http://www.chinalibs.net/ArticleInfo.aspx?id=439478.

三、公共图书馆社区服务研究的对象和内容

1. 公共图书馆社区服务的研究对象

《民政部关于在全国推进城市社区建设的意见》提出了“社区”一词的定义，即“社区是指聚居在一定地域范围内的人们所组成的社会生活共同体”。本书采用将社区划分为城市社区、农村社区、中介社区和虚拟社区四种类型的划分方法来确定研究对象，其中中介社区是指在城市化进程中出现的介于城市社区和农村社区之间的“都市里的村庄”，虚拟社区则指网络上的虚拟社群。

2016 年，文化部发布的《社区图书馆服务规范》（WH/T 73—2016）规定，社区图书馆是指“多由区（县）级政府主办，或社会力量捐资兴办，社区居民提供教育、信息和文化休闲服务的小型公共图书馆”。《乡镇图书馆统计指南》（WH/T 73—2016）中规定，乡镇图书馆是“由乡镇政府投资兴办，单独设立或附设于地方综合性文化机构，向所辖乡镇公众开放的，具有文献信息资源收集、整理、存储、传播和服务等功能的公益性文献信息服务机构”。

参考以上标准及规定，本书将公共图书馆社区服务的研究对象限定在为城市社区、农村社区和中介社区提供图书馆服务的主体范围（专门为虚拟社区提供图书馆服务的主体不列为本书研究范围，但为其他三种类型社区提供的基于网络的虚拟图书馆服务不排除在外）。此外，考虑到很多地区的乡镇综合文化站、村文化室以及基层综合性文化服务中心也承担着乡镇和农村（社区）的图书馆服务职能，因此，本书的具体研究对象包括：由区（县）、乡镇级政府主办，或由社会力量捐资兴办，或附设于地方综合性文化机构的，为城市社区、乡镇、农村居民提供教育、信息和文化休闲服务的小型公共图书馆。

2. 公共图书馆社区服务的研究内容

本书全面梳理了国内外公共图书馆社区服务现状以及我国学者在公共图书馆社区服务研究方面的情况，对公共图书馆社区服务类型、服务机制和服务标准进行了研究，并分析了典型的公共图书馆社区服务案例，以理论和实践相结合的方式进行研究，以期为我国公共图书馆社区服务的开展提供参考。

(1) 国内外公共图书馆社区服务现状

本书选取图书馆社区服务出现较早、发展较为成熟的英美两国进行研究，从网点布局、馆藏、服务等几个方面介绍了英美两国公共图书馆社区服务、管理和运营的特点。

英国是最早出现图书馆社区服务并积极探索图书馆融入社区发展道路的国家。1850 年，英国通过了世界上第一部《公共图书馆法》，该法规定由地方政府出资，在人口数量达到一万以上的城市建立公共图书馆。1855 年，英国对该部法律进行了调整，公共图书馆的建立范围从城市扩大到城镇，有效增加了穷困地区民众的阅读机会。20 世纪初，英国将公共图书馆由城镇向农村地区延伸，并逐渐完成了从单一的城市公共图书馆到城乡结合的社区图书馆体系的转变。

20 世纪 20 年代，美国城市化进程开始进入郊区化发展阶段，到第二次世界大战结束之后，郊区化发展进入高峰时期，大量人口迁往公共设施相对缺乏的城市郊区，形成了以居住为主的新兴社区。为完善新兴社区的公共服务设施，美国各级政府对包括社区图书馆在内的社区公共建筑进行了大量投资。同时各类图书馆法规也相继出台，到 20 世纪 70 年代，社区图书馆在美国得到了普及。

(2) 公共图书馆社区服务类型

本书从三个角度对公共图书馆社区服务类型进行了梳理，即基于服务对象的服务、基于文献类型的服务和基于活动空间的服务。

1）基于服务对象的服务

社区图书馆基于服务对象的服务，包括面向未成年人的服务、面向老年人的服务和面向其他各类弱势群体的服务。其中，未成年人服务包括婴幼儿服务、学龄前期儿童服务、中小学生服务和特殊儿童服务；面向老年人的服务主要从阅读便利、知识科普、健康资讯、文化娱乐和人文关怀等五个服务类别进行了阐述；面向其他弱势群体的服务重点关注为残障人士、农民工及其子女、求职者和服刑人员提供的服务。

2）基于文献类型的服务

社区图书馆基于文献类型的服务，包括借阅服务和信息服务。其中，阅读资源，即社区图书馆的馆藏建设是借阅服务正常开展的物质保证，应遵从实用性、综合性、特色性和注重数字资源建设和利用的原则。导读服务能够有效增加资源的利用率。同时，各馆还会开办阅读推广活动，旨在提升阅读兴趣，增强阅读的影响力度，使人们更有意愿、更有条件地参与阅读，目前已成为各类图书馆的常规服务活动。

信息服务能够帮助居民解决与其日常生活、工作和学习密切相关的问题，对提高社区居民的个人技能和生活素质、扩大社区居民交往范围、改善社区居住环境、促进当地社区建设等具有重要作用。我国的图书馆社区信息服务内容主要包括政府信息（国家法律、行政法规、规章和规范性文件；行政事业性收费的项目、依据、标准；扶贫、教育、医疗、社会保障、促进就业等方面的政策、措施及其实施情况；环境保护、公共卫生、安全生产、食品药品、产品质量的监督检查情况等）、实用性信息（与居民日常生活相关的健康、家政服务、法律、住房、理财、交通、就业、婚介、旅游等各方面信息）。

3）基于活动空间的服务

社区图书馆基于活动空间的服务，包括讲座和文化活动。其中，讲座按内容可分为青少年教育、健康保健、地方文化、科普知识、法律资讯、阅读推广、文史艺术、政治经济、社会生活、心理健康等类型；文化活动按举办形式可分为培训学习、影视播放、手工制作、展览、竞赛、文艺演出、节假日主题活动等类型。

流动服务和自助服务作为图书馆服务拓展和延伸的有效手段，近几年在我国发展迅速，极大地补充了图书馆的阵地服务，在实现公共文化均等化、便利化中发挥着重要作用。因此，这两类服务在本书中进行了单独阐述。

（3）公共图书馆社区服务机制

1）合作机制

《国务院关于加强和改进社区服务工作的意见》（国发〔2006〕14 号）提出了在社区服务工作中应“坚持社会化”的基本原则，发挥政府、社区居委会、民间组织、驻社区单位、企业及个人在社区服务中的作用，政府提供公共服务，鼓励、支持社区居民和社会力量参与社区服务。与多种社会力量展开合作可实现双方或者多方优势资源的整合互补，从而尽快且更好地满足社区居民的需求。通过社会化合作推进公共图书馆社区服务，是基于我国当前公共图书馆事业的发展现状而必然要采取的对策。

2）管理机制

社区位于公共图书馆延伸服务网络中的末梢。我国的社区图书馆建设往往存在管理不到位，建而不管，或管理不规范等问题，因此导致社区图书馆门可罗雀，无法发挥应有的服务功能。要解决这些问题，就必须创新公共图书馆社区服务管理机制，建立适应社区新发展形势并可充分实现服务效益的公共文化服务管理模式。从目前的情况来看，首先，实行管办分离，政府主要承担组织安排角色，充分发挥民间组织在社区公共服务方面的积极作用；其次，实行多方参与，明确权责，推进总分馆制建设，这是提升社区图书馆服务效率和效益的重要手段。

3）运行机制

管理机制的确立为图书馆的规范有序运行奠定了基础和方向，而在具体运行中，图书馆的服务也应遵循一定机制，建立一定的规范。虽然图书馆提供的知识服务、信息服务等公共文化服务是无形的，但图书馆服务却是实实在在体现在每一项工作中，属于实干型工作。贯彻在实务中的基本服务理念则是确保图书馆服务工作取得良好效益的关键，是公共图书馆社区服务运行机制的核心要素。一般认为，公益、平等、人本是一切公共图书馆服务都必须奉行的重要基本理念。

4）保障机制

保障机制是为确保图书馆服务的正常运行而设置的，通常来说包括政策、经费、人员等方面。政策保障指的是国家通过制定与公共图书馆服务相关的一系列方针、政策、规划、标准等，对公共图书馆服务进行干预和规范。公共图书馆经费主要来自财政拨款，政策依据是公共图书馆经费的重要保障。人员保障主要包括两个方面，一是人员数量，二是人员素质，涉及人员编制、职业资格准入、人员结构和馆员继续教育等方面。

5）评价机制

绩效评估作为图书馆管理的重要组成部分，有助于认清图书馆的目标和发展方向，从而改进图书馆工作方式，提高服务质量；有助于提高办馆效率，以最小的成本消耗获取最好的服务效果；有助于提高各级政府和相关部门对图书馆的重视，获得更多政策和资金支持，从而改善办馆条件；有助于为相关政府部门提供决策依据，促进图书馆事业健康发展。本书在评价机制方面主要对社区图书馆的评估主体和标准进行讨论。

（4）公共图书馆社区服务标准

服务标准是衡量图书馆服务水平的必要指标，也是评估服务质量的重要手段。2016年3月11日，文化部发布《社区图书馆服务规范》（WH/T 73—2016），并于2016年5月1日正式实施，该规范成为我国第一部规范社区图书馆服务的行业标准。《社区图书馆服务规范》规定了社区图书馆的服务资源、服务提供、服务管理、社会参与及服务保障等方面的标准和指导性原则。本书从服务资源标准、服务提供标准和服务管理标准三个方面将我国现行标准与国外相关标准进行了比较研究。

服务资源是社区图书馆在开展服务过程中所需的各种要素，服务资源标准是在一定范围内对服务所使用的各种资源所规定的统一要求，包括硬件资源、文献资源、人力资源和经费资源等方面，是图书馆服务的有形组成部分。

服务提供标准包括服务内容、开放时间和服务宣传三个方面。服务内容规定了用户通过图书馆可以享受到哪些服务；开放时间是公众获取图书馆资源和服务的重要保证，也是衡量图书馆利用能力的一个重要指标；服务宣传是图书馆面向公众、各类社会机构以及政府进行的服务营销和推广，是图书馆扩大社会影响、营造良好阅读氛围、引导公众了解和利用图书馆资源与服务的重要手段，也是图书馆树立良好社会形象、获得政府拨款和社会捐赠的有效途径。

服务管理标准重点关注文献组织、服务统计、服务绩效、服务监督与反馈等几个方面。文献组织的优劣直接影响读者对文献的获取和利用；服务统计可为图书馆决策、规划、制度制定提供可靠的数据支持，在社区图书馆服务统计标准方面，目前我国仅发布了《乡镇图书馆统计指南》；服务绩效评估用来衡量图书馆服务活动的效果，然而目前我国还未开展过专门针对县级以下公共图书馆的全国性的评估工作；服务监督与反馈的途径、方法以及读者满意度测量，在我国《公共图书馆规范》和《社区图书馆服务规范》中都做了相应规定，还需要在实践中更好地落实。

（5）公共图书馆社区服务案例

本书在最后，以湖南省株洲市图书馆为例，介绍其常年坚持“您的需求就是我们的追求”的宗旨，突出公益性、便利性、普惠性、均等性原则开展社区服务的实践。实践内容包括株洲市图书馆开展社区服务的保障机制、覆盖全市的服务网络及其开展的老年人和少儿服务、志愿者的文化服务、夜间延时开放服务、场地预约服务、线上线下定制化阅读服务、阅读团体的建立和活动开展、新技术在读者服务方面的应用等方面。

第一章　国内外公共图书馆社区服务现状

第一节　英国公共图书馆社区服务

英国是最早出现图书馆社区服务并积极探索图书馆融入社区发展道路的国家。1850 年，英国通过了世界上第一部《公共图书馆法》，以法律的形式规定由地方政府出资，在人口数量达到一万以上的城市建立公共图书馆。1855 年，英国政府对该部法律进行了适当的调整，公共图书馆的建立范围从城市扩大到城镇，有效增加了穷困地区民众的阅读机会①。同时，作为全球城乡差别最小的国家，英国政府对农村的基础设施和公共服务建设非常重视，于 20 世纪初又将公共图书馆由城镇向农村地区延伸。经过一个多世纪的发展，英国公共图书馆完成了从单一的城市公共图书馆到城乡结合的社区图书馆体系的转变②。

2010 年，受经济危机的影响，英国政府提出减少政府财政支出，地方政府纷纷宣布减小对图书馆经费的投入力度，各馆不得不缩短图书馆服务时间，并大幅裁撤图书馆员，大量的社区图书馆因资金短缺被关闭或面临关闭。据统计，2010 年英国共有各级各类公共图书馆 4290 家，2016 年减至 3765 家。6 年间，英国共关闭了 343 家图书馆，232 家图书馆已经改由社区组织管理，靠志愿者组成的团队进行运营③。针对公共图书馆面临的问题，英国社会各

---

① 郭建军. 英国公共图书馆运作理念探讨及对我国的启示[J]. 知识文库,2016(12 上):182 - 183.

② 陆和建,程思捷. 英国社区图书馆社区文化服务的案例分析及启示[J]. 图书馆学研究,2018(15):89 - 93.

③ 曹磊. 英国公共图书馆发展面临危机[N]. 中国文化报,2016 - 06 - 22(7).

界人士发起了一场声势浩大的“拯救图书馆运动”，力求通过多种形式维持社区图书馆这一最贴近普通居民生产生活的公共文化设施①；英国政府建立了“图书馆工作小组”，以征询公共图书馆发展的新愿景，保证图书馆重振服务并与社区保持紧密联系②。

英国的社区图书馆是公共图书馆系统的重要组成部分，是直属于市、区级图书馆的重要分馆，以帮助用户实现个人目标为己任，通过提供与社区用户相关的、优质的服务来丰富公众生活，达到充分利用馆藏资源与方便社区居民的目的。

一、网点布局

英国的社区图书馆不仅历史久远，而且数量众多，1997 年就实现了每 1.2 万人拥有一所图书馆的网点布局，成为世界上人均占有图书馆份额最多的国家。英国的社区图书馆密布全国，据英国财政与会计特许协会的统计，即便是受经济危机的影响，截至 2014 年，英国仍有公共图书馆 3917 家，2014 年度访问图书馆的人数达 27 600 万人③。例如，谢菲尔德地区约有 56 万人口，共建有 29 个社区图书馆④；格拉斯哥市有 50 万人口，建有 32 个社区图书馆；剑桥大学所在的剑桥郡，除了大学本身的众多图书馆外，还有 40 个社区图书馆；伦敦的 32 个行政区域，每个区都有十几个社区图书馆⑤。截至 2016 年 7 月，英国共有社区图书馆 382 个⑥。

社区图书馆选址通常首先考虑交通和环境两个要素，大都位于社区的中心位置，使各个方向的居民都能在较短的时间内到达。社区图书馆大都有独

---

① 陈一梅. 英国拯救图书馆运动概况及启示[J]. 图书与情报，2012(1)：14－16.

② 李忠东. 英国公共图书馆“逆境求生”[N]. 新华书目报，2016－07－15(8).

③ 刘欣. 英国社区图书馆建设和服务调研及启示——以伯明翰市为例[DB/OL]. [2018－09－27]. http://www.chinalibs.net/ArticleInfo.aspx?id=436463.

④ 文蓉. 英国社区图书馆的服务和运行机制——以 Upperthorpe 社区图书馆为例[DB/OL]. [2018－09－27]. http://www.chinalibs.net/ArticleInfo.aspx?id=436461.

⑤ 秦淑贞. 英国社区图书馆见闻与中国的社区图书馆建设[DB/OL]. [2018－09－27]. http://www.chinalibs.net/ArticleInfo.aspx?id=258635.

⑥ 王学琴，陈雅. WOS 视野下社区图书馆知识脉络及实践探析[J]. 图书馆，2018(9)：44－49.

立馆舍，二至三层的为多，每层都是大开间式结构，占地 800 至 1500 平方米。以伯吉斯路社区图书馆为例，该馆两层楼高，外设残疾人通道、自动大门；内部设有借还书台、读者储物处、员工工作区、成人借阅区、电子阅览区和儿童阅览区，其中儿童阅览区内专设手工区、玩具图书馆；此外还有根据桌椅不同而划分的个人阅览区域、休闲区域以及社交区域等，整个空间布置使人感到惬意、舒适、亲切①。

二、馆藏

英国社区图书馆纸质藏书从几千册到几万册不等，藏书以社科、艺术、历史、地理、厨艺、园艺、健康、生活等内容为主。每个图书馆都根据当地居民特点收藏一些多语言的图书，除了英文图书外，还收藏中文、阿拉伯语和乌尔都语等语言的书籍。与本社区历史和地理相关的图书占有较大比重。图书馆辟有专门的区域用于收藏本地不同时期的文献资源、视听资源、地图和反映地方历史的文物及作品②。生活类图书大多装帧精美，对社区居民有较大吸引力。在资源建设方式上，社区图书馆采用馆藏资源互联互通以及规则统一的方式。以谢菲尔德地区为例，各个社区图书馆没有图书资料的采购权，购书以及编目由市中心图书馆统一完成，购买量并不是“一馆一本”，而是“多馆一本”。为了满足不同社区读者的需求，在任何社区图书馆办理的借阅证均可通行于整个谢菲尔德地区，实现通借通还，这样极大地减少了不必要的重复购买③。

三、服务

1. 开放时间

英国《公共图书馆服务标准》规定平均每千人拥有的一年累计开放时间

① 尹小宇. 亲历英国社区图书馆[J]. 公共图书馆,2013(1):77－79.

② 广州数字图书馆. 英国社区图书馆考察记[EB/OL]. [2018－07－17]. http://www.gzlib.gov.cn/OutsideTheBox/144879.jhtml.

③ 文蓉. 英国社区图书馆的服务和运行机制——以 Upperthorpe 社区图书馆为例[DB/OL]. [2018－09－27]. http://www.chinalibs.net/ArticleInfo.aspx?id=436461.

为 128 小时。在实践中，英国不同社区图书馆的开放时间各不相同。例如，伯明翰市 Selly Oak 图书馆的开放时间为周一至周五的上午 7 点半到下午 5 点，周六上午 9 点至下午 5 点，周日闭馆，每周的总开放时间达到 65 小时①。英国 2001 年的人口普查数据显示，该区人口总数为 25 792 人，人口密度为 4236 人/平方公里，高于伯明翰的平均人口密度 3649 人/平方公里②。Weoley Castle 社区图书馆的开放时间为周一上午 10 点至下午 1 点、下午 2 点至下午 6 点；周二、周四至周六为上午 9 点至下午 1 点、下午 2 点至下午 5 点，周三和周日闭馆，每周的总开放时间达到 35 小时③，而其服务人口不足 2 万人④。

2. 四项基本服务

为应对公共图书馆经费的不断缩减和居民不断变化的服务需求，英国图书馆馆长协会（The Society of Chief Librarians）与英格兰艺术委员会（Arts Council England）经过多年的调研，于 2013 年 1 月发布《21 世纪的图书馆：SCL 发起公共图书馆四项基本服务》，提出公共图书馆将向社会提供四项基本服务，即健康、阅读、信息和数字化服务⑤。在健康服务方面，每个社区图书馆都配有健康教育专架，提供健康类图书、健康和护理信息等，并举办公共健康服务活动，如心理健康讲座、沙龙等。用户可在线获取相关信息，也可以得到本地服务的建议及相关支持人员的信息。阅读服务是社区图书馆的传统服务，民众即使没有读者证，也可以毫无障碍地到图书馆阅览图书、上网查阅电子资源和多媒体资源，还可以一边喝咖啡一

---

① Birmingham City Council. Selly Oak Library[EB/OL]. [2018 - 09 - 27]. https://www.birmingham.gov.uk/directory_record/5145/selly_oak_library.

② Wikipedia. Selly Oak[EB/OL]. [2018 - 09 - 27]. https://en.wikipedia.org/wiki/Selly_Oak#Roman.

③ Birmingham City Council. Weoley Castle Library[EB/OL]. [2018 - 09 - 27]. https://www.birmingham.gov.uk/directory_record/5157/weoley_castle_library.

④ 刘欣. 英国社区图书馆建设和服务调研及启示——以伯明翰市为例[DB/OL]. [2018 - 09 - 27]. http://www.chinalibs.net/ArticleInfo.aspx?id=436463.

⑤ 潘玲. 英国公共图书馆基本服务及其对我国公共图书馆建设的启示[J]. 河北科技图苑，2014,27(1):3 - 5.

边读书。在信息服务方面，社区图书馆为读者提供有质量保证的政府信息，并设置社区信息专架用以提供与居民日常生活息息相关的信息，如求职、继续教育、旅游信息、公交线路、火车时刻表、航班信息、房屋租赁、旧家具回收、乐器学习、手工制作、社区活动、展览讲座等信息①。很多居民来图书馆就是为查阅这些信息。在数字化服务方面，社区图书馆提供 7×24 小时免费访问图书馆网站服务，受过培训的馆员会帮助读者访问电子信息，通过电子邮件等方式解决读者遇到的问题，可为读者远程续借图书，提供 WiFi 服务等②。

3. *读者活动*

读者活动的开展是社区图书馆吸引读者走进图书馆、深入开展社区服务的重要手段，英国社区图书馆开展的丰富多彩的读者活动将社区居民与图书馆紧密联系起来。以伯明翰市为例，各个社区图书馆的读者活动一般分为面向成人和面向儿童两大类，其中面向成人的活动类型包括阅读推广、写作、历史记忆、社交活动（咖啡时间、午茶时间等）、政务服务（议员接待日、市民座谈会、读者之友等）、兴趣爱好（手工俱乐部、编织小组等）、企业支持（企业俱乐部）、教育培训和弱势群体支持（求职俱乐部、护理人员协会）等，面向儿童的活动类型有故事类、阅读类、休闲娱乐类、艺术类、电脑游戏类、学业辅导类和婴幼儿类等③。此外，还有 24 个针对不同年龄段读者的阅读小组活跃在各个社区图书馆，围绕相关书籍举行非正式的研讨会④。

---

① 刘欣. 英国社区图书馆建设和服务调研及启示——以伯明翰市为例[DB/OL]. [2018-09-27]. http://www.chinalibs.net/ArticleInfo.aspx?id=436463.

② 潘玲. 英国公共图书馆基本服务及其对我国公共图书馆建设的启示[J]. 河北科技图苑，2014(1):3-5.

③ 刘欣. 英国伯明翰市社区图书馆读者活动探究[J]. 图书馆论坛，2016(12):115-120.

④ Birmingham City Council. A to Z of reading groups in Birmingham libraries[EB/OL]. [2018-09-27]. https://www.birmingham.gov.uk/info/50138/leisure_and_learning/1488/reading_groups_in_birmingham/3.

表 1-1　2018 年伯明翰市社区图书馆部分读者活动①

活动名称	活动内容	时间	地点
英国黑人艺术文化家庭研讨会	维多利亚时代英国黑人演员 Ira Aldridge 的演讲和创作写作研讨会，适合 10—17 岁的儿童	2018 年 10 月 30 日	伯明翰市图书馆
Boldmere Bush 宝贝	故事与韵律，适合 6 个月至 4 岁的幼儿	2018 年 5 月 15 日至 2019 年 5 月 15 日（每周）	Boldmere 图书馆
职业咨询	提供免费的职业指导，适合 16—19 岁的青年	2018 年 9 月 21 日至 2018 年 12 月 28 日（每周）	Kings Heath 图书馆
国际象棋俱乐部	适合不同年龄的孩子以及国际象棋初学者及大师	2018 年 2 月 17 日至 2019 年 2 月 17 日（每周）	Spring Hill 图书馆
流金岁月	有机会结识新朋友，一起聊聊过去的时光	2017 年 10 月 27 日至 2018 年 9 月 28 日（每月）	Hall Green 图书馆
工艺组活动	针织与聊天	2017 年 10 月 26 日至 2018 年 10 月 26 日（每周）	Tower Hill
议员接待日	罗布・波科克议员接待日	2018 年 10 月 6 日至 2019 年 3 月 6 日（每月）	Boldmere 图书馆

四、管理和运营

近十年来，受经济危机的影响，英国政府大幅裁减公共图书馆事业经费，导致大量图书馆关闭、服务时间缩短、馆员失业，图书馆危机爆发。为应对危机，英国图书馆界发起了大规模的“拯救图书馆运动”，通过多种手段和途径宣传并鼓励民众广泛参与拯救图书馆的运动，抗议政府的图书馆经费削减计划；同时图书馆界也采取各种措施努力提高服务质量，强化图书馆在社会发展中的重要作用。2013 年 5 月，英国政府发布名为《未来图书馆计划》的改革方案，提出从改善图书馆运营管理模式，加强与社区居民的融合，引领社区数字革新

① Birmingham City Council. Libraries events[EB/OL]. [2018－09－27]. https://www.birmingham.gov.uk/events/20087/libraries.

以及转变馆员角色四个方面来进行全方位改革①。英国社区图书馆在危机中不断寻求变革，生存与发展并行，其运营呈现出以下几方面特征：

1. 服务贴近居民生活

主要体现在两个方面，一是为特殊群体提供服务，二是在经济危机时期为弱势群体提供服务。图书馆以特殊群体需求为导向，从资源、设备、人员调配，到服务形式、内容、制度等方面均体现了对特殊读者的悉心关怀②：所有上下通道都设有防滑斜坡，确保伤残人士的轮椅能够正常通行；服务台可为聋哑人提供助听器；设有婴幼儿换衣间、妇女哺乳间；低收入群体可以享受收费项目的折扣价；对新移民进行语言文化学习上的帮扶；为失业人口提供再教育和职业转型的培训；为老年人提供大字体书刊、音像资源，针对老年人组织各种活动，满足其心理需求，使图书馆成为老年人的家园；加强对具有精神病史的居民的关注，促使更多的人开始使用图书馆。公共图书馆被誉为“困难时期的避难所”，在社会发展中扮演着重要角色并承担着社会责任，对维护社会的平衡与稳定、推动经济复苏产生了积极作用。

2. 拥有专业的馆员队伍

英国图书馆早在19世纪80年代就实行职业资格考试制度，民众只有通过资格考试才能从事图书馆工作。20世纪80年代，英国职业资格考试变革为职业资格认可机制，包括大学专业教育认可、注册专业人员以及注重实践能力的国家职业资格体系，这代表英国公共图书馆的从业人员均接受过图书馆学专业教育和训练或拥有长期和丰富的工作经验。近几年来，为应对公共图书馆危机的到来，图书馆员的角色也发生了变化，他们具备了在快速变化的社会、经济、政治和技术环境中有效开展信息服务的能力，具有深入社区开展服务的能力，并能够准确、快速地捕捉社区居民需求的变化，有效地组织志愿者和社区居民参与图书馆工作与服务。例如，为更好地策划和实施儿童服务活动，图书馆要求儿童馆员需接受过图书馆学专业教育，有在学校图

---

① 周力虹，黄如花. 世界经济危机下英国公共图书馆的生存与发展[J]. 中国图书馆学报，2015(1)：16－27.

② 李传颖. 英国图书馆特殊群体服务及其对我国的启示[J]. 情报理论与实践，2016(10)：140－144.

书馆工作的经验，能教育和鼓励儿童，能尊重儿童的个体差异，能尽可能地培养儿童各方面的能力，能帮助他们形成自我价值观等①。

3. 广泛的社会合作

20世纪70年代，英国政府为应对财政赤字，着手推动公共服务改革，认为图书馆公共服务生产和供给不能全部依靠政府，而是要充分发动公益组织、志愿者、俱乐部、企业等社会力量参与其中，促使社会力量成为图书馆公共服务的提供者。1992年，英国政府推出强制性竞标方式来实现公共文化的购买，通过发挥市场机制作用丰富了图书馆公共服务供给主体。2010年以后，在经济危机的压力下，英国政府在图书馆公共服务领域方面已不再局限于政府购买，而是发动社会力量和公众参与，让公众能够在图书馆公共服务购买、使用和评估中发挥更多决策作用，广泛吸收和接纳志愿者团体、非营利性组织、私营企业、教育机构和大专院校等全体参与，甚至整体接管图书馆的运营管理。以谢菲尔德市为例，公共图书馆的运营采取引入外部机构接管一部分公共图书馆，但是政府掌握总体管控权的方式，其中5家社区图书馆由志愿服务者承担主要的工作，仅有少量专业馆员参与管理工作，由政府提供少许运营经费和志愿者培训；15家独立图书馆交由企业、各类团体和志愿服务者全权接管，政府不提供任何帮助与支持②。

第二节　美国公共图书馆社区服务

20世纪20年代，美国城市化进程开始进入郊区化发展阶段，到第二次世界大战结束之后，郊区化发展进入高峰时期，大量人口迁往公共设施相对缺乏的城市郊区，形成了以居住为主的新兴社区。为完善新兴社区的公共服务设施，美国各级政府对包括社区图书馆在内的社区公共建筑进行了大量投

---

① 吴银燕，周永红. 英国公共图书馆儿童服务的发展及启示[J]. 河南图书馆学刊，2015(4)：124－126.

② 周力虹，黄如花. 世界经济危机下英国公共图书馆的生存与发展[J]. 中国图书馆学报，2015(1)：16－27.

资。20世纪60年代，美国的图书馆体系开始以分馆形式不断延伸，社区图书馆也迅速增加，到70年代，社区图书馆在美国得到了普及。同时，50—90年代的数十年间，美国联邦政府先后通过了《图书馆服务法》（1956年）、《图书馆服务和建设法》（1964年）、《新图书馆服务改善法》（1989年）、《图书馆服务和技术法》（1996年）、《博物馆和图书馆服务技术一致修正案》（1997年）等法规，这些法规强调图书馆服务在农村和城市的广泛普及，推动了社区图书馆在广大城乡地区的建设①。2010年，《图书馆技术与服务法》在修订版中，提出“让图书馆有能力在灾难期间为其所在的社区提供服务”和“持续促进各种类型图书馆的提高以更好地服务美国人民”②。

美国图书馆协会（ALA）、美国博物馆与图书馆服务协会（IMLS）制定了一系列通用纲领性文件，指导各地开展社区服务。1979年，美国图书馆协会发布的《公共图书馆服务的使命声明及其必要性》（*The Public Library Mission Statement and Its Imperatives for Service*）将图书馆服务从使用全国性标准评估转为着眼于社区标准③。2014年4月，美国图书馆协会启动了“图书馆改变社区”项目，目的是让图书馆了解并学习如何融入所在社区，帮助社区解决面临的问题，成为社区的一部分。2015年10月，美国博物馆与图书馆服务协会发布了《IMLS焦点：社区参与》报告，呼吁图书馆和博物馆以理解社区的多元化需求、发展社区合作、强化社区沟通与交流、重新评估等角度为切入点，强化社区服务，提升社区参与，成为社区发展强有力的支撑力量④。

一、网点布局

美国公共图书馆数量多、分布广，形成了强大的图书馆服务网络。在网点布局上，一所公共图书馆如果能够满足当地居民的需求，一般仅保留主馆，

---

① 王嘉陵.美国公共图书馆总分馆制考察[J].图书馆理论与实践,2011(4):66－70.

② 崔春.美国《图书馆服务与技术法》2010年修订版解读[DB/OL].[2018－09－27].http://www.chinalibs.net/ArticleInfo.aspx?id=361817

③ 喻艳.美国小城镇公共图书馆社区化服务的实地考察——来自新泽西州米德塞克斯郡的报告[J].新世纪图书馆,2018(5):71－75.

④ 李英杰.美国图书馆社区参与视角下的服务设计研究[DB/OL].[2018－09－27].http://www.chinalibs.net/ArticleInfo.aspx?id=436269.

不会再设置分馆；但如果图书馆服务的区域过大，区域内社区和服务的人口较多，为了方便区域内所有居民都能够就近到图书馆借阅书籍，图书馆则会设置相应数量的分馆[①]。据美国图书馆协会2015年的统计数据，在全美公共图书馆总共有中央图书馆8884所，分馆有7684所，此外还有659个移动图书馆[②]。例如，纽约市的布鲁克林公共图书馆、纽约公共图书馆和皇后区公共图书馆3个公共图书馆系统通过4个研究图书馆中心，运营着217个分馆[③]，为纽约850多万人口提供服务[④]；芝加哥公共图书馆拥有80个分馆[⑤]，为全市270余万人口提供服务[⑥]；洛杉矶公共图书馆共有72个分馆，服务人口约397万，是美国服务人口最多的公共图书馆系统[⑦]；而位于威斯康星州最大城市密尔沃基市的肖尔伍德公共图书馆（Shorewood Public Library）则是一个由社区领导的独立建制图书馆，为肖尔伍德13 000多人口提供服务[⑧]；同样，该州密尔沃基县近郊的沃瓦托萨公共图书馆（Wauwatosa Public Library）也是一个独立建制的图书馆，为当地近5万居民提供服务[⑨]。根据

---

① 王嘉陵. 美国公共图书馆总分馆制考察[J]. 图书馆理论与实践,2011(4):66－70.

② American Library Association. Number of libraries in the United States[EB/OL]. [2018－10－08]. http://www. ala. org/tools/libfactsheets/alalibraryfactsheet01.

③ 王晓樱,曲蕴. 纽约市长管理报告:公共图书馆正在向社区资源中心转变[J]. 公共图书馆,2016(4):78－82.

④ 百度百科. 纽约[EB/OL]. [2018－10－08]. https://baike. baidu. com/item/纽约/6230?fromtitle=纽约市&fromid=20261076&fr=Aladdin.

⑤ Chicago Public Library. About us[EB/OL]. [2018－10－08]. https://www. chipublib. org/about-us/.

⑥ 百度百科. 芝加哥[EB/OL]. [2018－10－08]. https://baike. baidu. com/item/芝加哥/9600? fromtitle=芝加哥市&fromid=18673611&fr=aladdin#5.

⑦ Los Angeles Public Library. LAPL strategic plan 2015—2020[EB/OL]. [2018－10－08]. http:// www. lapl. org/sites/default/files/media/pdf/about/LAPL_Strategic_Plan_2015-2020. pdf.

⑧ Shorewood Public Library. State annual report data for Shorewood public library(2016)[EB/OL]. [2018－10－08]. https://www. shorewoodlibrary. org/content/Library%20Brochure%202016. pdf.

⑨ Wauwatosa Public Library. About Wauwatosa public library[EB/OL]. [2018－10－08]. https://wauwatosalibrary. org/about/.

IMLS 统计，在美国 50 个州以及华盛顿特区的公共图书馆中，81% 为独立建制、不设置分馆的公共图书馆；在服务人口少于 5 万的公共图书馆中，95% 以上为独立建制；服务人口少于 1000 的公共图书馆，几乎全部为独立建制，达 99.8%①。也就是说，服务人口较少、规模较小、不设置分馆的独立建制的社区图书馆数量相对较多。

二、馆藏

1. 馆藏数量

根据 IMLS《公共图书馆 2016 财年报告》，服务人口在 5 万人以下的公共图书馆馆藏纸质图书与期刊数量如表 1－2 所示。

表 1－2　服务人口在 5 万人以下的公共图书馆纸质图书与期刊数量

服务人口（人）	公共图书馆数量（个）	图书		期刊	
		总册数（万册）	人均册数（册/人）	总册数（万册）	千人均册数（册/千人）
25 000—49 999	985	9193.9	2.75	21.2	6.33
10 000—24 999	1761	9417.5	3.46	25.6	9.33
5000—9999	1500	4621.9	4.45	18.9	17.96
2500—4999	1254	2599.3	5.95	5.1	11.48
1000—2499	1468	2116.8	8.97	4.0	16.86
1000 以下	947	866.9	16.91	1.5	27.35

由表 1－2 可以看出，美国社区图书馆纸质馆藏充足。IMLS《公共图书馆 2016 财年报告》还统计了不同纸质馆藏规模的图书馆占比情况，以服务人口少于 1000 人的图书馆为例，这一类图书馆共有 947 个，其中馆藏图书少于 5000 册的图书馆占 16%，5000 至 9999 册的图书馆数量最多，占比 45.7%，10 000至 24 999 册的图书馆数量占 36.9%，25 000 至 49 999 册的图书馆数量占 1.3%，50 000 至 99 999 册的图书馆数量占 0.1%。也就是说这些图书馆中绝大部分的图书馆纸质图书藏量在 5000 至 24 999 册之间。同样，其他载体的

① Institute of museum and library services[EB/OL].[2018－10－08]. https://www.imls.gov/sites/default/files/fy2016_pls_tables.pdf.

馆藏数量，依然以服务人口少于1000人的图书馆为例，音频资料每千人拥有量为371件，视频资料每千人拥有量为1314件，而电子图书的平均馆藏量则为27 985册。

2. 馆藏内容

美国社区图书馆的馆藏文献内容丰富，满足了不同年龄、不同文化、不同语言人们的学习、工作、休闲和娱乐需求。少儿文献是社区图书馆馆藏的重要组成部分，其藏书一般分为婴儿、幼儿及学龄前儿童、早期读者的分级读物以及能够自主阅读的儿童小说或非小说类读物。成年人读物主要围绕社区居民生活需要提供各类藏书，如励志、经营、教育、食谱、园艺、汽车修理、法律、保健、医疗、文学以及其他实用型和畅销型图书。大多数社区图书馆还开辟有为移民服务的非英语馆藏区域。由于社区图书馆主要为本区域居民提供服务，因此，一些图书馆还收藏了所在社区历史文化的相关文献。例如，伊利诺伊州亚塞公共图书馆（Arthur Public Library）所在的社区是一个部落聚居区，该部落还保留着他们既往的生活传统和风俗习惯，因此该馆馆藏中有关部落医药类、宗教类的图书相对较多①。威斯康星州的沃瓦托萨公共图书馆（Wauwatosa Public Library）则收藏了有关沃瓦托萨历史、商业和艺术以及威斯康星州历史、旅游方面的特藏②。纳入总分馆制体系的社区分馆，虽然馆藏建设由总馆进行统一调配，但各社区分馆馆藏也保持了各自的特色，如波士顿公共图书馆系统的亚当斯街分馆提供美国内战及第二次世界大战的文献服务，菲尔兹角分馆则收藏有关越南方面的读物，格罗霍尔分馆提供非裔美国人的文学作品，科德曼广场分馆收藏非裔美国人的研究性历史资料，阿珀姆斯角分馆收藏法语、葡萄牙语和西班牙语读物等③。

---

① 王开学. 无处不在 不可或缺——美国社区图书馆印象[J]. 图书馆建设,2011(11):10 - 12.

② Wauwatosa Public Library. Wauwatosa public library special collections[EB/OL]. [2018 - 10 - 08]. https://wauwatosalibrary.org/collection/wauwatosa-public-library-special-collections/#local.

③ 陶俊,孙坦,金瑛. 总分馆制下公共图书馆的服务模式研究——以美国波士顿公共图书馆系统为例[J]. 图书馆建设,2010(8):7 - 13.

三、服务

1. 开放时间

根据IMLS《公共图书馆2016财年报告》，近一半的美国公共图书馆每周平均开放时间在30至50小时之间，18.3%的公共图书馆每周平均开放时间在50至60小时之间，另外近10%的公共图书馆每周平均开放时间在60小时以上。表1－3为服务人口在5万人以下不同开放时间的公共图书馆所占百分比。

表1－3 服务人口在5万人以下不同开放时间的公共图书馆所占百分比

服务人口（人）	图书馆数量（个）	每个图书馆平均每周开放时间（小时）所占百分比（%）							
		<10	10—19	20—29	30—39	40—49	50—59	60—69	≥70
25 000—49 999	985	0.1	0.7	7.0	13.0	23.1	29.0	24.3	2.7
10 000—24 999	1761	0.1	0.7	5.8	12.9	30.8	32.3	16.4	1.0
5000—9999	1500	0.3	1.8	6.1	23.7	39.0	23.5	5.4	0.3
2500—4999	1254	0.6	3.5	15.9	36.9	32.1	9.3	1.5	0.2
1000—2499	1468	1.3	9.7	32.8	36.4	16.4	3.1	0.2	0.1
1000以下	947	6.3	34.4	39.4	15.1	4.1	0.6	0.0	0.0

注：因四舍五入，百分比总和有0.1%的误差。

由表1－3可以看出，即使是服务人口少于1000人的小型馆，也有近一半的图书馆每周开放时间达到20至40小时；服务人口在10 000至50 000人之间的图书馆中，有一半左右的图书馆每周开放时间达到40至60小时。以密尔沃基市的肖尔伍德公共图书馆（Shorewood Public Library）为例，其服务人口约为13 000多人，2016年冬季的37周每周开放时间为60小时，而夏季的15周每周开放时间为56小时，全年总的开放时间为3097小时①。此外，不同的社区图书馆根据各自的情况开放时间也不尽相同，工作日和休息日的开放时间也不一样，如密歇根州奥克兰县白湖社区图书馆（White Lake

① Shorewood Public Library. Shorewood public library 2016 statistics [EB/OL]. [2018－10－08]. https://www.shorewoodlibrary.org/content/Library%20Brochure%202016.pdf.

Township Library）周一至周四上午 10 点至下午 8 点开放，周五至周六上午 10 点至下午 5 点开放①；而新泽西州布鲁克赛德的曼德姆社区图书馆（Mendham Township Library）服务人口约 5800 人（2010 年统计）②，其开放时间为周一上午 10 点至下午 8 点，周二至周四为上午 9 点半至下午 8 点，周五为上午 10 点至下午 6 点，周六为上午 10 点至下午 3 点，周日为下午 2 点至五点（七月和八月，周日闭馆）③。

2. 服务内容

美国图书馆利用率较高，2016 年人均到访图书馆 4.36 次。这一数据最高的州是俄亥俄州，为 6.44 次；最低是佐治亚州，为 2.70 次④。另据美国图书馆协会（ALA）统计，约 2/3 的美国人拥有图书馆证。从 1988 年起，每年 9 月被定为图书馆证注册月，ALA 和全国各地的图书馆一起举办活动，鼓励人们办理图书馆证，享受图书馆服务⑤。作为促进社区稳定和谐发展的重要机构，美国的公共图书馆通过提供免费接入宽带、公共访问技术、数字内容、数字扫盲学习机会以及帮助建立数字包容性社区的一系列措施来缩小由于地理位置、经济发展等带来的差异。ALA《2015 年美国图书馆状况调查报告》显示，几乎所有的（97.5%）公共图书馆都提供免费无线上网服务，几乎所有的（98.0%）公共图书馆都提供技术培训，几乎所有的公共图书馆都提供教育和学习课程（99.5%）以及暑期阅读课程（98.4%）；近 80.0% 的图书馆提供帮助求职者、面试技巧和简历开发的项目；75.0% 的图书馆提供社区、公民参与或电子政务项目；几乎所有的图书馆都提供帮助用户完成在

---

① White Lake Township Library. Hours/directions [EB/OL]. [2018 - 10 - 08]. http://www.whitelakelibrary.org/documents/Userguide-web.pdf.

② Mendham Township. About the community [EB/OL]. [2018 - 10 - 08]. http://www.mendhamtownship.org/Cit-e-Access/webpage.cfm? TID = 77&TPID = 10332.

③ Mendham Township Library. Hours & closings [EB/OL]. [2018 - 10 - 08]. http://www.mendhamtownshiplibrary.org/index.php/hours-closings.

④ Institute of museum and library services [EB/OL]. [2018 - 10 - 08]. https://www.imls.gov/sites/default/files/fy2016_pls_tables.pdf.

⑤ American Library Association. Library card sign-up month [EB/OL]. [2018 - 10 - 08]. http://libguides.ala.org/librarycards/LibraryCardSignUpMonth.

线政府表格的填具服务①。社区图书馆往往将服务按读者年龄进行分类，即儿童服务（0 至 12 岁）、青少年服务（12 至 18 岁）以及成年人服务。

（1）为儿童和青少年提供的服务

儿童从一出生就可以享受图书馆服务，很多图书馆为婴儿提供图书馆证。20 世纪 90 年代初，一些图书馆向准妈妈们分发了有关早期读写能力的工具包，其中就包括图书馆证。此外，图书馆经常与早期扫盲开发项目一起分发图书馆证②。社区图书馆基本都有婴儿活动室、亲子活动中心、儿童阅览中心等，并定期举办活动为儿童及其父母或看护者提供服务。例如，威斯康星州华盛顿县日耳曼敦社区图书馆（Germantown Community Library）是一个为近 2 万人提供服务的社区图书馆，其开展的儿童服务包括：每周二针对 3 至 5 岁孩子的学前故事时间；每周三针对 2 岁以下幼儿的婴儿/幼儿故事时间；每月第二个周二针对所有年龄段孩子的家庭睡衣故事时间（手工艺或活动）；每月第三个周三针对 2 至 6 岁孩子的降落伞游戏故事时间。此外，该馆还为新生婴儿准备了“婴儿终身学习欢迎袋”，包括一本书、一件围兜以及有关图书馆和早期扫盲的信息；为 0 至 5 岁的儿童提供“幼儿园前 1000 本书”项目，鼓励孩子们在进入幼儿园之前阅读 1000 本书，每阅读 100 本都会收到图书馆赠送的奖品。其他活动还包括不定期举办的朗读活动以及舞蹈、绘画、电影、手工艺等的主题活动③。

对于学龄儿童来说，社区图书馆已成为学生放学后学习娱乐的安全场所，专业的馆员不仅可以对他们进行阅读指导，也可以在课业上给予辅导，因此，“放学后”服务已成为社区图书馆最常见的服务项目。据美国青少年图书馆服务协会（YALSA）的调查，88% 的图书馆还提供了免费的在线作业辅导④。

---

① American Library Association. State of America's libraries report 2015 [EB/OL]. [2018 - 10 - 08]. http://www. ala. org/news/state-americas-libraries-report-2015.

② American Library Association. Library cards: home [EB/OL]. [2018 - 10 - 08]. http://libguides. ala. org/librarycards/home.

③ Germantown Community Library. Kids [EB/OL]. [2018 - 10 - 08]. http://germantownlibrarywi. org/kids/.

④ 罗博. 美国图书馆为放学后青少年服务的实践 [DB/OL]. [2018 - 10 - 08]. http://www. chinalibs. net/ArticleInfo. aspx?id = 430684.

暑假阅读计划开始于19世纪90年代，目的是鼓励儿童在暑假期间使用图书馆，养成阅读习惯。根据2016年ALA对美国公共图书馆的调查，教育学习计划和暑假阅读计划在全美所有公共图书馆中，分别占比99.7%和99.1%。社区公共图书馆会邀请各行各业知名学者进行系列讲座、建立各类阅读小组、为儿童和青少年安排暑假和寒假阅读活动等。例如，密歇根萨吉诺的托马斯社区图书馆在每年6月中旬到7月都会举办暑期阅读活动，在此期间每周二举办特别活动，参加活动的孩子们将会获得奖励①。爱达荷州的山谷社区公共图书馆每年都会邀请知名学者、教授、企业家等来图书馆进行演讲，举办寒暑假阅读活动等②。

每一个社区图书馆的儿童和青少年活动可能不尽相同，但其目标都是关注儿童阅读启蒙和终身学习。据IMLS统计，2016年，全美公共图书馆举办的儿童活动达2 853 439场次，约占公共图书馆所有活动的55%，其中服务人口50 000人以下的公共图书馆共举办儿童活动1 192 189场次，约占所有公共图书馆儿童活动的42%；服务人口1000人以下的947个公共图书馆共举办儿童活动25 493场次，平均每个图书馆全年举办约27场次③。从这些数据可以看出，美国社区图书馆对儿童服务的重视程度很高。

(2) 为成年人提供的服务

对于很多美国人来说，图书馆是社区的中心，在他们的生活和工作中发挥着重要作用，是人们获取知识和信息、提高自身技能和进行休闲娱乐的场所。社区图书馆的重要服务内容除提供借阅服务、举办各种阅读活动之外，还包括针对成年人的就业支持服务、网络和信息技能培训以及其他与居民生活密切相关的服务等。

在阅读服务方面，成立各种阅读小组是图书馆提供成年人阅读服务的常见方式。威斯康星州华盛顿县日耳曼敦社区图书馆就为成年人提供了多个阅

---

① Thomas Township Library. Programs[EB/OL]. [2018 - 10 - 08]. http://thoma stownshiplibrary. org/programs/.

② 马崴. 延伸服务在美国社区公共图书馆的应用及启示[J]. 图书馆工作与研究,2018(7):28 - 31.

③ Institute of Museum and Library Services[EB/OL]. [2018 - 10 - 08]. https://www. imls. gov/sites/default/files/fy2016_pls_tables. pdf.

读兴趣小组，如晨读小组、夜读小组、历史书迷小组、神秘/惊险小说小组以及城镇图书小组等，每个小组有固定的时间在图书馆举办阅读研讨会，并由图书馆提供免费的咖啡、茶和热巧克力①。托马斯社区图书馆提供的成人阅读小组服务则是将每月第二个星期四作为小组成员的见面日，小组成员就特定的主题进行研讨，此举旨在提高读者的阅读质量②。

就业服务是美国公共图书馆深得民心的常规服务之一，最早始于20世纪70年代初。经过近50年的发展，美国公共图书馆已全面建成就业支持服务网络，对社会稳定以及经济的发展产生了积极的作用③。2014年，美国总统奥巴马签署了《劳动力创新与机遇法案》，允许公共图书馆在求职培训方面使用联邦资金，进一步促进了就业服务在公共图书馆的开展。美国《2011—2012年公共图书馆经费与技术访问》调查报告显示，92%的公共图书馆提供就业数据库以及其他就业资源的使用④。例如，日耳曼敦社区图书馆开辟求职版块，提供威斯康星州就业中心、网站以及全国性的招聘和求职网站信息；而托马斯社区图书馆则主要提供密歇根州职业培训和招聘信息。此外，社区图书馆提供的就业服务还包括技术培训、简历和面试技巧培训、商业培训、计算机课程、失业福利申请等。《2014年美国图书馆状况报告》显示，近一半的失业、退休和求职人员认为公共图书馆提供的信息服务和求职帮助对他们非常重要⑤。

如前所述，几乎所有的美国公共图书馆都提供免费上网服务，社区图书

---

① Germantown Community Library. Book groups[EB/OL].[2018-10-08]. http://germantownlibrarywi.org/book-groups/.

② Thomas Township Library. Programs[EB/OL].[2018-10-08]. http://thomastownshiplibrary.org/programs/.

③ 耿纪昌.美国公共图书馆就业支持服务发展历程初探[J].图书馆杂志,2018,37(5):91-97.

④ American Library Association. Public library funding & technology access study 2011—2012[EB/OL].[2018-10-08]. http://www.ala.org/tools/research/plftas/2011_2012#final%20report.

⑤ American Library Association. State of America's libraries report 2014[EB/OL].[2018-10-08]. http://www.ala.org/news/sites/ala.org.news/files/content/2014-State-of-Americas-Libraries-Report.pdf.

馆经常开展免费的培训活动，以提高居民的信息技能。这些培训活动包括计算机、数码相机等电子产品的使用，网络信息搜索，图书馆数字资源的使用，图片处理，办公软件使用等。其他服务还有诸如为选民提供的选举服务（选民可以在社区图书馆为候选人投票）、针对新移民开展的语言服务、健康信息服务、出借社区图书馆活动室、医保信息服务以及为残疾人和老年人提供的服务等。

四、管理和运营

美国的公共图书馆实行的是理事会制度。一般情况下，地方根据法律由选民推选或由行政长官指定人员，设置公共图书馆的理事会（Board of Trustee），对公共图书馆行使管理职能。理事会对其下的公共图书馆实行间接管理，主要负责公共图书馆政策、制度方面的事宜，不处理图书馆的日常事务性工作①。馆长一般都由理事会任命，副馆长和中层干部由馆长任命。理事会每年负责对图书馆及馆长工作进行考核评价。此外，几乎所有的美国公共图书馆都有用其名字命名的基金会，基金会内设理事会，通过组织专家评审团评审，对本馆有价值的项目进行支持，独立决定资金的使用②。

美国的社区图书馆由于获取财政支持的渠道不同，可分为两种类型，一是纳入总分馆制体系的社区分馆，二是独立建制的社区图书馆③。采用总分馆制的美国公共图书馆，其中心馆—分馆体系都同属一个法人单位，由同一个董事会进行统一管理，其馆舍建设、经费、人力资源、藏书和多媒体的整理加工、网络数字资源的利用、图书馆参考咨询服务和图书馆流通服务，都在中心馆的统一领导和调配下进行，分馆和中心馆的人才资源部、采编部、技术部等部门一样平行隶属于大图书馆体系。全馆业务工作和各分馆的服务

① 刘璇.美国公共图书馆“中心馆—分馆”体系溯源[J].国家图书馆学刊,2011(1):56-60.

② 胡海荣.美国公共图书馆的理事会制度与基金会运作[J].图书馆研究与工作,2017(6):9-12.

③ 宋琳琳.美国密尔沃基市社区图书馆读者活动探究[J].图书馆论坛,2017(10):136-144.

工作情况通过定期召开的协调会议来进行交流，总馆会及时将所发文件和通知送达各分馆，各分馆负责人也会把分馆工作的问题和成效及时向总馆汇报。例如，列克星敦公共图书馆共有5个分馆，协调会议将于每个月第一个周二的下午在其中一个分馆召开，汇总各分馆业务需求和服务工作情况①。洛杉矶公共图书馆包括1个中心馆和72个分馆，为397万人口提供服务。72个分馆分属于洛杉矶中心及南、东峡谷、好莱坞地区、东北区、西峡谷区和西区六大地区。总馆设有分馆服务部，下设有执行主任、助理主任及六大分区主任，对分馆业务工作进行具体管理。在图书馆建设和运营经费方面，除市政拨款外，社区图书馆还通过洛杉矶公共图书馆基金会、基于社区的图书馆书友会、提供多种志愿者岗位、吸引社区公众献言献策等方式吸引公众为图书馆捐助，为社区图书馆开拓资金来源②。

对于独立建制的社区图书馆来说，经费主要来源于社区的财政，资源建设、人员、服务等由图书馆及其设置的理事会自行管理。例如，沃瓦托萨公共图书馆依据《威斯康星州法规》第43章的规定设立图书馆理事会。理事会由9名成员组成，其中8名由市长任命、1名由当地学校校长任命，并同时任命1名无表决权联络人，以上人员的工作期均为3年；理事会每月第三个星期三下午6点30分在图书馆举行例会。根据州和联邦法律，理事会有权力和义务制定图书馆运营和服务的规章制度③。沃瓦托萨公共图书馆成立了基金会，已在购买儿童和成人使用的计算机、儿童阅览家具，改造建立儿童故事屋，更新儿童馆藏，为投资者和小企业主建立业务中心，建设学生共享空间等项目上为图书馆提供了支持④。

---

① 王嘉陵.美国公共图书馆总分馆制考察[J].图书馆理论与实践,2011(4):66－70.

② 刘兰,黄国彬.国外公共图书馆总分馆制典型案例分析及其启示——以洛杉矶公共图书馆总分馆制为例[DB/OL].[2018－10－08].http://www.chinalibs.net/ArticleInfo.aspx?id=435263.

③ Wauwatosa Public Library. Wauwatosa Public Library Board of Trustees Bylaws [EB/OL]. [2018－10－08]. https://wauwatosalibrary.org/wp-content/uploads/2017/11/Wauwatosa-Public-Library-Board-Bylaws.pdf.

④ Wauwatosa Public Library. Wauwatosa Public Library Foundation[EB/OL].[2018－10－08]. https://wauwatosalibrary.org/about/foundation/.

第三节 我国公共图书馆社区服务

一、我国图书馆社区服务发展历程

20世纪80年代初，为解决在改革开放的大背景下因社会变迁加速而引发的各种社会问题，我国民政部门引进了社会学中的社区工作理论，吸取发达国家及发展中国家在社会发展方面的经验教训，并结合我国的实际，开始酝酿城市社会福利制度的改革，提出开展城市社区服务工作的任务，在全国掀起了社区服务理论探讨和试点实践的热潮。1996年10月，党的第十四届中央委员会第六次会议通过《中共中央关于加强社会主义精神文明建设若干重要问题的决议》，提出要深入持久开展群众性精神文明创建活动，建设社区文化、村镇文化、企业文化和校园文化。2000年11月3日，民政部颁发《民政部关于在全国推进城市社区建设的意见》，提出要“积极发展社区文化事业，加强思想文化阵地建设，不断完善公益性群众文化设施”。作为社区重要文化设施的社区图书馆逐渐受到关注，一些经济发达地区率先进行了社区图书馆的建设实践。如“九五”期间，上海在原有三级公共图书馆网络（市级、区县级、街道乡镇级）的基础上着手建立第四级网络——里弄（村）图书馆，截至“九五”期末，市中心城区里弄（村）图书室建成比例达55%，总数达3200多个①。北京市东城区6个街道经过努力，于2001年建成藏书规模达到一万册以上，建筑面积达100平方米以上，阅览座位达30席以上的街道图书馆。在此基础上，把图书馆的建设向居委会社区延伸，和平里街道在24个社区内推行统一的“图书资源共享借阅卡”，制定了统一的借阅制度，颁发了统一的标牌，实现了图书资源的共享②。

1995年，中共中央办公厅、国务院办公厅转发《中宣部、农业部关于深

① 孙继林.“九五”期间的上海图书馆事业[J].图书馆杂志,2001,20(1):1-2.

② 董海.北京市社区图书馆事业发展的回顾与思考[J].图书馆工作与研究,2002(S1):92-93.

入开展农村社会主义精神文明活动的若干意见》，提出要积极推动农村文化的发展和繁荣，把倡导和组织农民读书，作为提高农民素质的重要措施来抓。为贯彻落实上述意见，1996 年，广东省启动实施“千村书库”工程，决定在 1996 年至 2000 年期间，有计划、有步骤地在全省建立 1000 个村级图书馆①。1997 年，中宣部、文化部等九部委联合发文在全国组织实施“知识工程”，一些大中城市以实施“知识工程”为契机，大力推进街道图书馆建设，将其作为城市社区建设的一个重要组成部分来抓，取得了显著的成绩。例如，南京市积极开展“街道图书馆的创建达标活动”，全市街道图书馆的普及率达到 80%，其中鼓楼区 10 个街道于 2000 年底全部建成“万册”图书馆②。

社区图书馆建设取得的成果引发了图书馆界对社区图书馆的持续关注。2001 年 10 月 18 日，中国图书馆学会联合十省（自治区、直辖市）图书馆学会召开“21 世纪中国沿海地区乡镇图书馆发展战略研讨会”，与会代表一致认为我国的公共图书馆必须向乡镇延伸，真正把乡镇图书馆视为公共图书馆的重要组成部分；提出乡镇图书馆的性质应从“民办”转移到“公办”上来；21 世纪初，中国乡镇图书馆建设的重点应放在沿海地区，而在经济欠发达地区，应提倡多元化的办馆模式，鼓励社会办馆③。2002 年初，中国图书馆学会成立社区乡镇图书馆专业委员会，并于同年 10 月召开“第二届中国社区乡镇图书馆发展战略研讨会”，就社区乡镇图书馆的发展模式、地位与作用、服务对象、内容、方式，文献资源保障等问题进行了研讨④。此后，社区乡镇图书馆专业委员会每年召开主题会议，探讨中小型图书馆和社区乡镇图书馆的发展，加强全国图书馆同行间的相互了解与交流。“十五”期间，各地尤其是沿海经济发达地区城市的公共图书馆社区服务开始蓬勃发展。例

---

① 张忠杰. 广东决定建立一千个村级图书馆[J]. 现代农业,1996(12):2.

② 连立民. 贴近百姓生活 繁荣社区文化——街道图书馆建设经验谈[DB/OL]. [2018-11-07]. http://www.chinalibs.net/ArticleInfo.aspx?id=155389.

③ 王学熙. 乡镇图书馆定位、定性新思路——“21 世纪中国沿海地区乡镇图书馆发展战略研讨会”纪要[DB/OL]. [2018-11-07]. http://www.chinalibs.net/ArticleInfo.aspx?id=155892.

④ 徐向东,黄丽华. 探社区乡镇图书馆幽微 促中国图书馆事业发展——“第二届中国社区乡镇图书馆发展战略研讨会”论文综述[DB/OL]. [2018-11-07]. http://www.chinalibs.net/ArticleInfo.aspx?id=228770.

如，2002年启动的佛山禅城区“联合图书馆”、北京市公共图书馆服务体系，2003年启动的广东流动图书馆、深圳“图书馆之城”、杭州公共图书馆“一证通”服务网络，2004年启动的长春市协作图书馆、东莞“图书馆之城”，2005年启动的苏州城区总分馆、嘉兴乡镇图书馆建设等。

“十一五”时期，我国初步形成了覆盖城乡的公共文化服务网络，抓好基层文化建设成为这一时期文化发展的重点之一，乡镇、村（社区）图书馆（室）建设迎来了新的发展机遇。2006年9月，中共中央办公厅、国务院办公厅印发了《国家“十一五”时期文化发展规划纲要》，提出在完善公共文化设施网络布局方面，要以大型公共文化设施为骨干，以社区和乡镇基层文化设施为基础，优先安排关系人民群众切身文化利益的设施建设；在创新公共文化服务方式方面，实行定点服务与流动服务相结合，鼓励具备条件的城市图书馆采用通借通还等现代服务方式，推动公共文化服务向社区和农村延伸。2007年，中共中央办公厅、国务院办公厅发布《关于加强公共文化服务体系建设的若干意见》，提出要加强社区文化中心、村文化活动室等基层文化阵地建设。同年，国家发展改革委和文化部印发了《全国“十一五”乡镇综合文化站建设规划》，明确在“十一五”期间，国家将支持新建和改扩建2万多个基本规模为300平方米的农村乡镇综合文化站，这些文化站的功能之一就是开办图书室，组织群众开展读书活动。2007年3月，新闻出版总署会同中央文明办、国家发展改革委、科技部、民政部、财政部、农业部、国家人口计生委联合发出《关于印发〈农家书屋工程实施意见〉的通知》，开始在全国范围内实施“农家书屋”工程，解决广大农民群众“买书难、借书难、看书难”的问题。这一时期，城市社区图书馆也在积极探索新的发展模式，如深圳图书馆在已建成的四级图书馆网络的基础上，研发了“城市街区24小时自助图书馆系统”，拓展了图书馆的外延，提高了文献资源的利用率，并使自助图书馆的服务模式辐射至全国范围。沈阳市的社区图书馆则探索了多种建设模式，如社区独立创建图书馆的“独立型”模式、以汽车图书馆为主要形式的“流动”模式、社区与企业、学校等图书馆合作的“联办”模式以及总分馆模式等①。

① 董菊秀.沈阳地区社区图书馆建设综述[DB/OL].[2018-11-07].http://www.chinalibs.net/ArticleInfo.aspx?id=212231.

进入“十二五”时期，我国政府对公共文化服务体系建设的重视程度进一步加强，一系列相关政策文件、法律法规相继制定和出台。这一时期公共文化服务体系建设的一个重要特点就是统筹城乡、突出基层，推动公共文化服务体系建设重心下移、资源下移、服务下移，公共文化资源向城乡基层的倾斜力度进一步加大，为社区图书馆的发展带来了历史性机遇。2011 年，文化部、财政部共同开展了“国家公共文化服务体系示范区（项目）创建工作”，要求按照公益性、均等性、基本性、便利性的原则，在全国创建一批网络健全、结构合理、发展均衡、运行有效的公共文化服务体系示范区，培育一批具有创新性、带动性、导向性、科学性的公共文化服务体系项目，为我国公共文化服务体系建设探索经验、提供示范，推动公共文化服务体系建设科学发展。乡镇（街道）综合文化站建设、村（社区）文体活动室、公共电子阅览室建设均被纳入创建标准，极大地推动了示范区的社区图书馆建设和服务。

2013 年 1 月，文化部发布《“十二五”时期公共文化服务体系建设实施纲要》，提出到 2015 年初步建立覆盖城乡、结构合理、功能健全、实用高效的公共文化服务体系，重点任务之一是使行政村文化活动场所设置率、（城市）社区文化活动场所设置率分别从 34% 和 46% 达到期末的 90%。紧随其后，文化部发布了《全国公共图书馆事业发展“十二五”规划》，明确要加强乡镇、社区图书馆（室）及服务网点建设，推进流动图书馆设施建设，形成覆盖城乡、比较完备的公共图书馆设施网络建设。2015 年 1 月，中共中央办公厅、国务院办公厅印发《关于加快构建现代公共文化服务体系的意见》，要求依托城乡社区综合服务设施，加强城市社区和农村文化设施建设；以县级文化馆、图书馆为中心推进总分馆制建设，加强对农家书屋的统筹管理，实现农村、城市社区公共文化服务资源整合和互联互通，进而实现城乡基本公共文化服务均等化。2015 年 5 月，中国图书馆学会发布了《书香城市（县级）标准指标体系》《书香社区标准指标体系》《书香城市（县级）、书香社区标准体系指标说明》，为基层图书馆开展全民阅读活动探索路径、积累经验、提供示范。2015 年 10 月，国务院办公厅发布《关于推进基层综合性文化服务中心建设的指导意见》，提出要推进县域内公共图书资源共建共享和一体化服务，加强村（社区）及薄弱区域的公共图书借阅服务，整合农家书屋资源，设立公共图书馆服务体系基层服务点。

进入“十三五”以后，我国公共图书馆事业步入蓬勃发展的新时期，图书馆相关法律法规的制定和出台也进入快车道。2016 年 3 月 11 日，文化部发布《社区图书馆服务规范》（WH/T 73—2016），并于 2016 年 5 月 1 日正式实施，成为我国第一部规范社区图书馆服务的行业标准。2016 年 12 月，《中华人民共和国公共文化服务保障法》颁布，规定地方各级人民政府可以采取新建、改建、扩建、合建、租赁、利用现有公共设施等多种方式，加强乡镇（街道）、村（社区）基层综合性文化服务中心建设，推动基层有关公共设施的统一管理、综合利用，并保障其正常运行。2017 年 7 月，文化部印发的《“十三五”时期全国公共图书馆事业发展规划》将推进乡镇（街道）、村（社区）图书室建设作为重点任务之一，要求推动乡、村基层综合性文化服务中心建设，按照相关建设标准和要求设立图书室，配备相应的器材设备，完善管理制度。村级不具备单独设立图书室条件的，可开辟图书阅览区。2017 年 11 月，《中华人民共和国公共图书馆法》正式颁布，规定县级以上人民政府应当设立公共图书馆。地方人民政府应当充分利用乡镇（街道）和村（社区）的综合服务设施设立图书室，服务城乡居民。这一系列法律、政策文件对居民享受社区文化服务做了全面部署，对图书馆开展社区服务具有重要意义。

同时，“十三五”时期是我国城乡社区服务体系建设，特别是农村社区服务体系建设夯基垒台、立柱架梁的关键阶段。2016 年 10 月，民政部发布《城乡社区服务体系建设规划（2016—2020 年）》，提出要大力发展城乡社区文化、教育、体育服务；广泛开展社会文化活动，依托城乡社区综合服务设施，建立社区（村）综合性文化服务中心；依托农家书屋和实体书店，大力推动全民阅读；提高数字化文化服务能力和水平；统筹发展城乡社区教育，建立健全城乡一体的社区教育网络；注重社区教育机构与城乡社区综合服务中心（站）的资源共享，提高图书馆、科技馆、文化馆、博物馆和体育场馆等各类公共设施面向社区居民的开放水平。这无疑为社区图书馆的加快建设和发展带来了重大机遇。

二、我国公共图书馆社区服务的现状

到“十二五”期末，我国基本实现了全国所有地市级城市均有设施达标、布局合理、功能完善的公共图书馆的目标，县乡两级公共文化设施规范化、标准化水平进一步提升。社区图书馆建设也取得了一定成就，2013 年，文化部还开展了第一次全国乡镇综合文化站评估定级工作，有力地促进了附设于乡镇综合文化站的图书馆（室）的建设和发展。但是，由于长期以来乡镇、村（社区）图书馆（室）没有被纳入我国文化主管部门开展的图书馆事业统计、评估工作中，仅在“十二五”“十三五”全国公共图书馆事业发展规划中部署了乡镇和社区图书馆的发展目标，因此，从现有的文献中无法宏观和全面地了解乡镇和社区图书馆的发展和服务现状，仅能了解某些地区的发展情况。本书对若干不同经济发展水平地区的乡镇和社区图书馆的发展情况进行总结和分析，以求窥一斑而见全豹。

1. 广东省乡镇和社区图书馆服务现状

《中国文化发展指数发布与评价报告（2017）》的数据显示，广东省是文化投入全国排名前五位的省份之一①。近几年，广东省以城乡基层公共图书馆设施建设为重点，加强对公共图书馆布局的统筹规划，按照普遍均等、惠及全民的建设原则，实现了基层图书馆全覆盖，形成比较完备的省、市、县（区）、乡镇（街道）、村（社区）五级公共图书馆设施网络。深圳于 2003 年起动“图书馆之城”建设，截至 2016 年实现了市、区、街道、社区共 220 家图书馆及 200 台自助图书馆的互通互联、资源共享和一证通行、通借通还②。2015 年，广州市政府发布《广州市“图书馆之城”建设规划（2015—2020）》，至 2016 年，广州市共有公共图书馆 122 个，其中市、区馆 19 个，街镇分馆 84 个，社区（村）分馆 8 个，与机关团体、企事业单位合建的分馆数量为 11 个。广州市共有 170 个街镇，其中，4 个街镇各设有 2 个街镇分馆，76 个街镇各设有 1 个分馆，即共有 80 个街镇设有街镇分馆，占街镇总数的 47.06%；98 个街镇范围内有实现通借通还且对公众免费开放的公共图

① 卿菁. 中国文化发展指数发布与评价报告(2017)[R]//江畅,孙伟平,戴茂堂. 中国文化发展报告(2018). 北京:社会科学文献出版社,2018:52 - 94.

② 广东省文化厅. 广东全面启动图书馆、文化馆总分馆试点建设工作[DB/OL]. [2018 - 11 - 07]. http://zwgk.gd.gov.cn/006940079/201603/t20160311_647275.html.

书馆（分馆），占街镇总数的57.65%①。

2016年初，广东省启动并大力推进县级图书馆总分馆试点建设，选取了两批图书馆总分馆试点，共计27个②。从2016年起，通过省财政支持的方式，重点扶持经济欠发达地区开展总分馆试点建设，以县为单位，每年图书馆、文化馆总分馆试点分别建设10个左右，分批推进试点工作，计划到2020年共计扶持建设60至100个图书馆、文化馆总分馆，每年对经济欠发达地区总分馆试点建设给予一定的经费支持。为了试点建设能够取得更好成效，采取分步骤、分批推进的模式，优先选择基础条件好、财政保障相对充分的县区开展，形成可借鉴的路径、方式和方法，由建设成功试点辐射其他区域。在现有省、市、县、镇、村五级公共文化服务设施基础上，按照统一领导管理、统一服务提供、统一考评评价“三统一”的要求推进总分馆建设，促使总分馆模式成为图书馆将来发展的基本方向③。2018年初，试点区域基本建立起县级总馆、乡镇（街道）分馆、村（社区）服务点的三级体系，盘活了基层公共文化资源，实现了资源的互通共享。

2. 成都社区图书馆建设和服务

余晓松通过网络问卷和实地调研两种方式对成都地区一共32个社区图书馆的经费投入、馆藏书目、读者群体、管理方式等状况进行了调研。调研发现，在购书经费方面，仅有13家图书馆具有购书经费，约占总数的41%，其他大部分社区图书馆没有图书经费预算。在有经费的社区图书馆中，有将近一半的社区图书馆图书经费仅在1000元以内，图书经费大于5000元的仅有几家。在馆藏方面，大部分社区图书馆的馆藏书目不仅数量有限，而且质量堪忧，很多图书的印刷比较粗糙，图书破旧，图书的层次、类别以及适用性等各方面都存在很大的缺陷，如经典名著种类较为单一，各种科普类专业书籍相对数量较少。调查还发现，大部分社区图书馆仅能提供纸质图书资料，

---

① 广州图书馆. 广州市“图书馆之城”建设2016年度报告[EB/OL]. [2018－11－07]. http://www.gzlib.gov.cn/downdoc.jspx? cid=148681.

② 张靖，李思雨，杨乃一，等. 广东省公共图书馆事业发展报告(2013—2017)[J]. 图书馆论坛，2018(10):1－16.

③ 广东省文化厅. 广东全面启动图书馆、文化馆总分馆试点建设工作[DB/OL]. [2018－11－07]. http://zwgk.gd.gov.cn/006940079/201603/t20160311_647275.html.

仅有6家设在新兴社区或者较为高档社区的图书馆提供电子图书资源，但是电子图书设备由于没有及时维护，造成不少设备不能正常使用。在读者群体方面，广大中青年是接受和使用现代化设施较为广泛的群体，但由于社区图书馆缺乏电子类资源，因而很难吸引更多年轻人使用图书馆。

在管理方面，有25家图书馆是以社区管理为主，有些社区图书馆已经开始与当地的高校或者企业合作，尝试提供更多元化的服务内容。另外有两个社区图书馆尝试引入一些小微图书馆（文化驿站）建设活动，有助于社区图书馆建设更加人性化、便利化，说明社区图书馆已经在力所能及的范围内寻求更好的发展。在人员配备方面，社区图书馆的工作人员大多属于临时聘用人员或者社区干部兼职，福利待遇较差，很难吸引到文化水平高、综合素质较好的人才，在很大程度上限制了社区图书馆的人员队伍建设，从而影响了整个社区图书馆的服务水平①。

3. 陕、甘两省乡镇（社区）图书馆现状

根据《中国文化发展指数发布与评价报告（2017）》的数据，甘肃的文化投入位列全国后五位②。万行明、谢林2011年在陕、甘两省选择了8个县（区）所辖29个乡镇（社区）（其中既有全国百强县所辖乡镇，也有国定、省定贫困县所辖乡镇）的社区图书馆进行了调研。调查显示，所有图书馆均隶属于乡镇、社区综合文化站管理，不具独立法人身份。在购书经费方面，29个馆中有购书经费的为5个馆，占比仅为17.24%，拨款金额自5000元至15 000元不等。在馆藏文献方面，藏书2000册以下的有10个馆，占比34.48%；2000册至5000册的有8个馆，占比27.59%；5000册至10 000册的有3个馆，占比10.35%；10 000册以上的有6个馆，占比20.69%。藏书最多的图书馆有65 000册，最少的仅1000册。在人员方面，29个馆中共有图书管理员62人，平均每馆2.14人，其中55.17%的馆有专职管理人员、65.52%的馆有兼职管理人员，管理人员中接受过专业培训的占44.82%、未接受专业培训的占55.18%。

在服务方面，周一至周五开放的有2个馆，每周开放一次的有7个馆，

① 余晓松. 成都社区图书馆建设调研分析[J]. 办公室业务，2017(20)：120－121.

② 卿菁. 中国文化发展指数发布与评价报告(2017)[M]//江畅，孙伟平，戴茂堂. 中国文化发展报告(2018). 北京：社会科学文献出版社，2018：52－94.

18 个馆不定时开放，占比达 62%。在图书流通方面，2010 年 29 个馆中仅 19 个有文献借阅记录，接待读者最高为 13 000 人次，最低为 117 人次；流通图书最高 20 000 册次，最低 71 册次；此外，仅有 9 个馆与县级图书馆建立了图书流通关系，有 4 个馆配备有电子阅览室。由于经费不足、人力有限等原因，仅有 4 个馆开展了针对未成年人、老年人等弱势群体的服务①。

4. 农家书屋的建设现状

我国从 2007 年开始在全国范围内正式启动农家书屋工程，解决广大农民群众“买书难、借书难、看书难”的问题。截至 2016 年底，我国已基本实现了所有行政村农家书屋的全覆盖。然而，农家书屋的实际运行状况却不尽如人意，普遍存在资金不足、图书更新迟缓、人员缺乏、开放时间短等问题，有些农家书屋甚至从未开放，形同虚设。姚朝进对贵州省 3 个贫困县的 6 个行政村的农家书屋进行调查，结果显示，农家书屋使用面积较小，设备设施简陋，大都只有图书陈列室，没有读者的阅读空间；藏书数量少，藏书结构不合理，有 5 个农家书屋的藏书自其建成以来，一直没有得到补充；由于没有专人管理，这些农家书屋自建成的近 20 年间，几乎没有村民去看过书、借过书，文献资源利用率几乎为零②。贫困地区如此，在经济较为发达的地区，农家书屋的发展也存在诸多问题。王敏等人对北京 6 个区县的 24 所农家书屋的调查结果显示，在 24 所农家书屋中，电脑配备情况不佳，16 所没有电脑，7 所只有 1 台电脑，仅有 1 所配备有 2 台电脑；24 所农家书屋面积均在 100 平方米以内，约 50% 的农家书屋的面积在 20 至 40 平方米；在藏书方面，约 79% 的农家书屋可供借阅的图书在 1000 册以上，符合农家书屋工程启动时的基本要求，但仅有 4 所更新过图书；在人员方面，24 所农家书屋的管理员有 22 人是兼职，仅有 2 位专职人员③。由于现阶段农家书屋与公共图书馆分属于不同的管理系统，虽然有些地方将农家书屋的管理交由区（县）级公共图

① 万行明，谢林. 陕、甘两省乡镇（社区）图书馆发展调研分析报告[DB/OL]. [2018-11-07]. http://www.chinalibs.net/ArticleInfo.aspx?id=435631.

② 姚朝进. 西部贫困地区“农家书屋”现状的调查与思考——以黔西南州为例[J]. 兴义民族师范学院学报，2018(2):54-57.

③ 王敏，吕巧枝，高今朝，等. 京郊农家书屋建设和管理调查研究[J]. 图书情报工作，2015(S1):26-29.

书馆，但农家书屋并未真正融入基层公共图书馆服务体系之中，再加上资金、人员等各方面的困难，农家书屋还难以承担对农村社区的图书馆服务。

5. 我国社区图书馆服务存在的问题

截至2016年，我国共有7957个街道，31 832个乡镇，10万个城市社区，农村社区建设覆盖面不断扩大，社区图书馆服务体量庞大，完善社区图书馆的服务任重而道远。从宏观环境上来看，由于我国城乡社区服务体系建设仍处于初级阶段，主要体现在城乡社区服务体系建设发展不平衡，农村滞后于城市局面尚未得到彻底扭转；城乡社区服务设施配套和技术更新相对滞后，服务项目经费和资源投入依然紧张；社会力量和市场主体参与不充分，专业教育和人员培训亟待加强①。从图书馆行业来看，图书馆社区服务也还在不断地摸索中，现阶段社区图书馆服务存在的主要问题如下：

一是由于整个公共图书馆事业发展存在着区域性差异，导致社区图书馆建设和服务发展极不平衡，存在着巨大的地区差别和城乡差别。在地域上，沿海发达地区和中西部地区差别较大；在同一地区，城区和郊区、不同的社区图书馆之间也存在较大差距。国家统计局的统计数据显示，2016年，人均拥有公共图书馆藏量（册/人），北京为1.19，上海为3.17，而云南和贵州分别为0.35和0.44；一项对京津冀三地基层社区图书馆的调查显示，2014年，北京和天津的社区图书馆总量分别为1624所和1407所，而河北省仅有723所②。此外，从上述广东、成都、陕西和甘肃省的案例中，我们也可以看到社区图书馆发展在地域上存在的巨大差距。

二是经费短缺。我国的图书馆事业发展经费多用于大城市、大型图书馆，基层图书馆所得经费不足以维持日常运行。社区图书馆的建设资金来源没有保障，多数社区并未设立专项资金用于社区图书馆或阅览室建设，也未明确规定应由谁负责承担社区图书馆或阅览室建设的资金。很多社区图书馆建设

① 民政部，中央组织部，中央综治办，等. 关于印发《城乡社区服务体系建设规划（2016—2020年）》的通知[EB/OL]. [2018-11-07]. http://www.ndrc.gov.cn/fzgggz/fzgh/ghwb/gjjgh/201707/t20170707_854160.html.

② 李菊花. 京津冀协同发展背景下基层社区图书馆均衡化建设探讨[J]. 图书馆工作与研究，2016(12):109-114.

被当成是当地的形象工程，不考虑可持续发展，只建不管，缺乏资金长效投入机制，一次性集中投入后就出现资金断流，由于没有资金进行馆藏更新和服务开展，最终导致了社区图书馆的夭折。例如，一些地区的农家书屋建设就存在后续资金跟不上而面临关闭或已经关闭的状况。

三是人才匮乏。从上述案例可以看出，多数社区图书馆缺乏专职工作人员，尤其是在乡镇和村级图书馆，无专职工作人员的问题较为普遍，很多社区（村）图书馆的管理人员由村干部、社区居委会或社区工作站人员兼任，他们利用工作空余时间管理图书馆，并且多数没有接受过图书情报专业教育或培训，因而无暇或无业务能力开展更多更好的服务；即使是专职人员，由于工资待遇低、职业发展不尽如人意等问题，难以吸引优秀人才长期在社区图书馆工作，造成队伍人才结构失衡、稳定性差的局面。

四是社会力量参与不足。长期以来，我国社区图书馆主要是通过政府主导建设，由政府号召、出资和管理，第三方机构和社区居民的参与有限。虽然有少数地区已经在探索社会力量参与社区图书馆的建设，但多数地区还没有形成企业、个人、社会组织等社会力量参与的社区图书馆多元化发展模式，仅限于小范围的个人捐赠、志愿者参与等，随意性较大，无法为社区图书馆的可持续发展提供有效的补充力量。

五是缺乏法律法规保障。社区图书馆缺乏专门的法律保障，相关法规政策分散在不同的领域，并呈现较大的区域差距。在国家层面，虽然2016年文化部发布了《社区图书馆服务规范》，但该标准仅为推荐性标准，缺乏强制力和执行力。2017年正式颁布的《中华人民共和国公共图书馆法》仅规定“地方人民政府应当充分利用乡镇（街道）和村（社区）的综合服务设施设立图书室，服务城乡居民”，未明确提及社区图书馆的建设。在地方层面，一些经济发达地区如上海、广州、北京、深圳、苏州等地对社区图书馆建设较为重视，有关社区图书馆的政策法规相对比较完善，并已形成了明确的服务和评估方案。然而在经济欠发达地区，图书馆事业发展缓慢，社区图书馆发展得不到重视，相关法律法规的制定更是无从谈起①。

---

① 郑丽芬，李红澄．我国社区图书馆发展保障综述——以相关政策和法规为视角[J]．图书馆，2017(2)：1－7．

第二章　公共图书馆社区服务类型

第一节　基于服务对象的服务

一、面向未成年人的服务

未成年人服务是社区图书馆服务的重要内容之一，也是图书馆社会教育职能的一种体现。在不同的国家或地区，未成年人被定义的年龄范围不同。我国根据联合国《儿童权利公约》提出，儿童是指“18 岁以下的任何人”。未成年人服务按年龄可分为婴幼儿服务（1 至 3 岁），学龄前期儿童服务（4 至 6 岁）和中小学生服务。

1. 婴幼儿服务

世界各国图书馆都非常重视婴幼儿服务，如美国、英国、意大利等都已经有着多年的儿童服务历史。美国是全世界范围内图书馆开展儿童服务最早的国家，其早期阅读计划（Born to Read，出生即阅读）项目，为新生婴儿提供免费阅读大礼包，内装图书、婴幼儿早教信息、新生儿读者证、玩具、儿童用品等；为新生婴儿的家长提供免费的培训，宣传婴幼儿早期阅读的重要性，指导父母开展亲子阅读、培养婴幼儿阅读兴趣并形成习惯，同时为家长普及婴幼儿健康、营养、教育及身体发育知识，教会家长使用图书馆资源等①。英国的“阅读起跑线”（Bookstart）计划始于 1992 年，分别为 0 至 12 月、1 岁半至两岁半以及 3 至 4 岁的孩子设计免费的阅读礼包，指导孩子和家长体验阅读乐

---

① 黄耀东. 美国公共图书馆的婴幼儿早期阅读推广——对 Born to Read 项目的考察[DB/OL]. [2018 - 11 - 12]. http://www.chinalibs.net/ArticleInfo.aspx?id = 435313.

趣，养成阅读习惯。

由于服务对象的特殊性，婴幼儿服务在人力的投入上往往要大于成年读者，对人员的专业程度要求较高；同时图书馆需要开辟专门的服务场地和空间、购买适龄的馆藏以及组织活动所需的爬行垫、摇铃等玩具和免洗洗手液等卫生用品和用具。目前，我国公共图书馆由于人力资源缺乏、基础设施等条件限制，仅在少数大城市的公共图书馆开展有婴幼儿服务，如苏州图书馆开展的“悦读宝贝计划”，而社区图书馆囿于多种条件限制，还未见开展此类活动的报道。随着我国二孩政策的全面放开，新生婴儿的数量也会迅速增长，开展婴幼儿服务，必将是未来社区图书馆服务的重要发展方向之一。

2. 为学龄前期儿童提供的服务

由于学龄前期的孩子已经具备了一定的自理能力，相较于婴幼儿服务来说较易开展，公共图书馆开展的针对这一时期儿童的服务可谓五花八门，但归纳起来主要有以下几种：

一是阅读指导服务，即将图书馆的优质资源推荐给儿童，指导儿童阅读适合其身心发育的优质图书。这一类服务主要包括开展故事会、朗诵活动、好书荐读、家长讲座、读书会等。

二是益智教育类活动，如手工制作、绘画、歌舞、游戏等课程或活动，旨在提高儿童多方面的能力。英美等国家图书馆为儿童提供的益智类玩具服务值得我国社区图书馆借鉴。美国的社区图书馆提供实体玩具和数字玩具（如电子游戏、视频游戏），并通过开展多种活动提高儿童多方面的能力，如乐高俱乐部、建筑俱乐部、桥牌俱乐部、游戏俱乐部等，这些活动不仅对儿童空间想象能力、创逻辑思维、科学创造力的培养和提高有很大帮助，还有效地提高了儿童的活动表现力，为他们提供了社交平台及场所①。我国广州图书馆为2至8岁的儿童及其家长提供玩具服务。

三是亲子活动，目的是家长和儿童共同参与一系列活动，一同分享，互为聆听、讨论和合作的对象，增进父母与子女之间的情感交流，提高家长和儿童参与图书馆活动的积极性，激发他们的阅读兴趣。只要是家长和儿童共

---

① 易珂. 美国社区玩具图书馆的儿童服务[DB/OL]. [2018－11－12]. http://www.chinalibs.net/ArticleInfo.aspx?id=442377.

同参加的、具有一定主题的活动都可称之为亲子活动。如亲子摄影、亲子手工、亲子电影专场、亲子茶艺等。

3. 为中小学生提供的服务

与学龄前期儿童相比，中小学生已从以游戏为主导活动的“幼儿”成为以学习为主导活动的“学生”，开始接受正规教育。因此，针对中小学生的图书馆服务首先要考虑他们的身心发展特点，其次是注意与学校的合作。目前常见的为中小学生提供的图书馆服务有：

一是阅读推广和指导服务，最常见的有主题阅读或经典阅读活动。在主题阅读方面，例如，我国现代著名翻译家、文学家傅雷是上海浦东新区南汇下沙人，上海航头镇图书馆为此设立“傅雷书架”开展主题阅读；周浦镇图书馆开展了一系列“傅雷”专题活动，如“读傅雷家书，做青春少年”读书交流活动，“好家风、好家训、好家规”故事演讲赛，与傅雷研究中心合作创作的《傅雷家书》经典故事话剧，在全区中小学校巡演①。在经典阅读方面，很多公共图书馆已形成少儿国学经典阅读的品牌活动，如广州图书馆的“少儿读经班”、天津图书馆的“国学冬令营”、深圳图书馆的“亲子国学阅读”、上海图书馆的“国学阅读夏令营”等②。其他活动形式还有，如南京图书馆暑期为中小学生推出名著导读活动，由专业教师介绍名著作者生平事迹，讲述写作手法，提高学生阅读能力；杭州图书馆暑期开展“我的图书我来管”活动，招募小学生担任导读员；金陵图书馆以“朗读者”活动为平台，开展“朗读者”暑期故事会；衡水市图书馆在全市各级公共图书馆的少年儿童读者及在校中小学生范围内开展以“阅读红色经典传承红色精神”为主题的燕赵少年读书系列活动；厦门市思明图书馆举办青少年名著阅读会；等等。

二是素质提升活动，此类活动包括但不限于科学、环保、法制、安全的教育和兴趣培养等。例如，上海市徐汇区各社区图书馆为中小学生提供的素质提升活动有：“感受科普魅力，体验科技奥秘”“青少年爱绿行动系列活动之爱绿环保宣传画”“漕河泾街道图书馆寒假禁毒法治安全教育讲座”“虹梅

① 冯娜. 上海市基层图书馆未成年人阅读服务样本研究[J]. 山东图书馆学刊,2018(2):57 - 62.

② 何跃. 少儿图书馆国学经典阅读推广实践探索[DB/OL]. [2018 - 11 - 12]. http://www.chinalibs.net/ArticleInfo.aspx?id = 429047.

街道图书馆暑期交通安全讲座”“徐家汇街道图书馆社交礼仪讲座”“我爱动脑筋——虹梅街道图书馆棋类兴趣班活动”等①。厦门市思明区图书馆开展机器人夏令营、暑期中小学生象棋夏令营、暑期中小学生书法提高夏令营、创客动物夏令营等活动。此外，一些图书馆与当地中小学建立联系，成为提高学生综合素养的社会实践基地。例如，济南市图书馆与济南市中区教育局签约共建“市中区中小学生社会实践基地”，为学生搭建参与社会实践，培育核心素养的平台②。

三是课后托管与作业辅导。20 世纪 80 年代，美国公共图书馆纷纷在图书馆内开展作业辅导服务，由专门的教师协助少年儿童解决课业问题，目前这一服务已拓展为图书馆提高青少年各种技能的放学后服务项目。例如，休斯敦公共图书馆开辟社区放学空间，每周为儿童提供游戏、科学、技术、工程与数学活动、作业辅导、计算机操作、手工制作等服务项目；该馆还与休斯敦社区发展局合作，请专业教师帮助高中毕业生完成大学及职业规划课程。纽约公共图书馆在其分馆中推出了一系列免费放学后项目，为学生提供诸如一对一辅导、技术项目、素养训练及带薪实习机会③。我国公共图书馆开展此类服务起步较晚，目前仅有少数图书馆开展了此项服务。如常州市武进图书馆成立家庭作业辅导中心，由常州大学志愿者结对新市民子女进行家庭作业辅导，以帮助新市民子女提高学习能力④。长春宽城区图书馆与天津路小学、南京小学相隔不远，每天 15 时小学生们放学后就会到图书馆写作业、看书，17 时 30 分图书馆闭馆之前由家长接走，这解决了社区上班族无法回来接孩子放学的问题⑤。

---

① 严贝妮，王子寒. 公共服务均等化视角下社区图书馆读者服务的调查与分析——以上海市徐汇区为例[J]. 图书馆理论与实践，2018(3)：81-86.

② 李昆壕. 让悦读为梦想启航 山东济南市图书馆成为市中区中小学生社会实践基地[DB/OL]. [2018-11-12]. http://www.chinalibs.net/ArticleInfo.aspx?id=446875.

③ 罗博. 美国图书馆为放学后青少年服务的实践[DB/OL]. [2018-11-12]. http://www.chinalibs.net/ArticleInfo.aspx?id=430684.

④ 张军. 武进图书馆设家庭作业辅导中心服务新市民子女[DB/OL]. [2018-11-12]. http://www.chinalibs.net/ArticleInfo.aspx?id=446932.

⑤ 袁帅. 图书馆成“课后托管班”[DB/OL]. [2018-11-12]. http://www.chinalibs.net/ArticleInfo.aspx?id=446934.

4. 为特殊儿童群体提供的服务

对于公共图书馆来说，特殊儿童指的是那些不能正常享有阅读资源，或者需要在帮助下才能在图书馆获得资源的儿童①，如残障儿童、留守儿童、流浪儿童、农民工子女、孤儿、边缘少年群体（罪犯子女或少年犯）等。国外由于对于弱势群体（包括特殊儿童）的法律保护更为完善，在相关图书馆法规中就包括了图书馆对于这些群体必须具备的责任，因而图书馆开展的针对特殊儿童的服务也较为成熟。例如，美国阿拉斯加图书馆每两个月会为阅读障碍症读者推送一个“会说话的书”目录，年龄段不同目录也不尽相同，读者还可以要求图书馆提供音频访问地址。美国社区玩具图书馆为有特殊需要儿童群体配备了自适应玩具及设备，如为自闭症等精神残疾儿童的多米洛游戏——情绪卡片与记忆卡。查尔顿玩具图书馆定期安排志愿者运送玩具或设备到特殊儿童家中，保障他们的游戏、阅读、学习需要②。此外，美国49个州还利用暑期联合开展阅读项目——“协同暑期图书馆计划”，旨在鼓励特殊儿童积极参与阅读活动。对于特殊儿童，日本公共图书馆均设有特殊文库为其提供服务。例如，针对视觉残疾儿童的文库，除了半价提供资料邮寄服务，每月还会至少开展两期读书朗读会。早在1996年10月，视觉残疾儿童文库就已开放了点字图书外借服务③。

近几年来，我国公共图书馆也在尝试为特殊儿童群体提供服务，多数图书馆利用特殊节日或以主题活动的形式开展服务，但普遍活动周期短，次数少，缺乏持续性；少数图书馆形成了自身独特的服务模式，能够长期、持续地开展下去。总体看来，我国公共图书馆特殊儿童群体服务在设施设备、馆外合作、相关馆藏、服务宣传、馆员素质等几个方面亟待加强建设和提高。例如，江西省会昌县图书馆专门针对“留守儿童”推出以家庭为单元，以家长为辅助，以班级为枢纽，将阅读辅导服务推送到留守儿童家中的“家庭导读服务模式”，通过走访、问卷调查、电话咨询、预约面谈等方式，深入了

---

① 王永丹. 少年儿童图书馆特殊儿童群体服务研究[J]. 图书馆界,2011(1):61－63.

② 易珂. 美国社区玩具图书馆的儿童服务[DB/OL]. [2018－11－12]. http://www.chinalibs.net/ArticleInfo.aspx?id=442377.

③ 陈学锋. 国内公共图书馆特殊儿童服务的不足与探讨[J]. 兰台世界,2017(23):67－71.

解“留守儿童”的认知能力、阅读水平、阅读需求，有针对性地设置家庭导读方案①。菏泽市图书馆在全国助残日期间，邀请菏泽市特教中心有视听障碍的学生走进图书馆观看无障碍电影、阅读馆藏盲文图书和期刊、体验智能盲用电脑、盲人学习机、盲文书籍、电子助视器等，为残疾儿童提供精彩的文化视听体验②。洛阳市图书馆则是在国际残疾人日，为智障儿童送去玩具、护耳等慰问品和图书资料③。杭州少年儿童图书馆组织“让世界充满爱——流浪儿童关爱活动”，在市内“流浪未成年人管理保护中心救助中心”设立“馆外流通点”，定期为流浪儿童挑选各类优秀读物，为流浪儿童举办迎新春晚会，请青少年心理咨询师为流浪儿童上心理疏导课④。

二、面向老年人的服务

老龄化问题已经成为困扰人类社会发展的全球性问题之一，为老年人提供改善其健康、文化生活和生活环境等的服务，也成为世界各国关注的社会问题之一。作为公益性的文化机构，国外公共图书馆很早就关注并开展了针对老年人的各项服务。

美国公共图书馆对老年人的服务关注始于20世纪60年代。1964年，美国制定了《公共图书馆对老年人的责任》，提出对于随着老年人年龄增大而引起的社会、经济、生理等诸多问题，所有的图书馆，尤其是公共图书馆应该负起责任⑤。很多公共图书馆通过与老年社区合作开展服务。例如，旧金山公共图书馆于2006年与当地老年公寓合作，其使命湾分馆为老年人提

① 钟冬莲. 公共图书馆服务留守儿童阅读的实践模式分析——以会昌县图书馆“家庭导读服务”项目为例[J]. 图书馆,2017(12):107-111.

② 刘银春. 第26个助残日：菏泽市图书馆关爱孤残儿童[DB/OL]. [2018-11-12]. http://www.chinalibs.net/ArticleInfo.aspx?id=399640.

③ 洛阳市图书馆. 洛阳市图书馆党员志愿者服务队慰问“启智园”残疾儿童[DB/OL]. [2018-11-12]. http://www.chinalibs.net/ArticleInfo.aspx?id=427073.

④ 朱峻薇. 图书馆社会责任的理解与实现方式[J]. 图书馆杂志,2010(7):32-35.

⑤ 周思繁. 图书馆应成为空巢老人的精神家园——公共图书馆为空巢老人服务的思考[C]//全国中小型公共图书馆联合会. 全国中小型公共图书馆联合会2014年研讨会论文集. 马鞍山：全国中小型公共图书馆联合会,2014:1-6.

供母语非英语人士的学习俱乐部、低强度的尊巴（一种健身活动）课程、基础的网络安全和隐私培训活动、遗嘱和遗产规划交流活动等。图书馆还为老年读者提供放大镜、专门的辅助电脑等设备。位于俄勒冈州的农业城镇科尼利厄斯，建设了名为“科尼利厄斯之宫”的老年社区，建筑共三层，有45间老年公寓，建筑内部专门为图书馆预留了空间，以方便为老年人服务①。波士顿公共图书馆的“never too late”项目，通过举行主题趣味活动——绘画、纸牌游戏、歌舞表演、乐器演奏、手工编织等，吸引具有不同兴趣的老年人参与，提高老年人的社会交往能力②。针对老年人数字素养能力低下的问题，2013年，美国博物馆与图书馆服务协会（IMLS）、美国图书馆协会（ALA）等机构联合建立了“Digital Learn. org”门户网站，该网站提供基于图书馆对以往参加数字素养培训的老年人的反馈而建设的课程，供老年人自学；同时，IMLS在《图书馆服务与技术法案》的批准下，拨款约220万美元给全美的31家公共图书馆，用于发展图书馆线下老年人的数字素养教育③。

在我国，根据全国老龄办发布的数据，截至2017年底，我国60岁及以上老年人口有2.41亿人，占总人口17.3%，预计到2050年前后，我国老年人口数将达到峰值4.87亿元，占总人口的34.9%，说明我国已步入老龄化社会。我国2015年修订的《老年人权益保障法》第七十一条规定，“国家和社会采取措施，开展适合老年人的群众性文化、体育、娱乐活动，丰富老年人的精神文化生活”。老年人离退休后，生活重心转移到家庭，在某种程度上会产生失落、孤独、寂寞、自卑的情绪，社区图书馆则是联系老年人和社会的重要支点。老年读者是图书馆不可忽视的一支读者队伍，丰富老年人的文化生活，是图书馆社区服务工作的重点之一。目前，我国公共图书馆为老年人提供的服务主要有阅读便利、知识科普、健康资讯、文化娱乐、人文关

① 曹磊. 美国公共图书馆与老年社区合作开展服务[DB/OL]. [2018-11-12]. http://www.chinalibs.net/ArticleInfo.aspx?id=432278.

② 孙萌，袁曦临，刘利. 面向城市空巢老人群体的社区图书馆服务架构研究——基于镇江市润州区空巢老人的调查[DB/OL]. [2018-11-12]. http://www.chinalibs.net/ArticleInfo.aspx?id=436443.

③ 罗艺杰. 国内外老年人的数字素养教育模式研究[DB/OL]. [2018-11-12]. http://www.chinalibs.net/ArticleInfo.aspx?id=442803.

怀五类。

1. 阅读便利服务

阅读便利服务主要是针对老年人的特点，为他们阅读图书提供便利条件。例如，老年读者随着年龄增长，会变得行动迟缓，腿脚不灵便，将老年人经常去的报刊阅览室尽量设置在较低的楼层并没有明显标识；在阅览室设置老年读者阅读专座，在人流量高峰期，优先供老年读者使用；在阅览室放置放大镜、老花镜、笔、纸等，提供给有需要的老年读者①；对于行动不便的老年读者，开展上门送书服务等。例如，河南新乡市图书馆在颐和源老年公寓建立老年读者服务站，将报刊送到老人手中②。

2. 知识科普服务

知识科普服务旨在帮助老年人学习新技能以及维护自身权益，如普法、旅游常识、安全知识、数字素养讲座或培训等。佛山市图书馆推出了“耆英畅游数字乐园”数字资源体验活动，是专为业余时间较充裕，对数字化产品有了解和体验需求的老年人举办的数字阅读活动；同时与当地社区机构合作，将图书馆资源和服务带进社区，使活动更大限度地方便老年读者参与③。绍兴市柯桥区图书馆采取“三单制”培训模式开展“文化养老工程进社区”活动，在充分调研的基础上，了解受老年人欢迎的课程，开出订单，由图书馆根据订单精心配出菜单，再根据菜单到社区开展免费培训④。重庆市渝北区图书馆常年在渝北区各社区开展“常青 e 路 · 幸福夕阳”老年人数字阅读系列培训，内容包括移动终端智能手机应用培训、预防电信（网络）诈骗等⑤。

---

① 徐晓濛. 对公共图书馆特殊群体读者服务的思考与实践——以郑州图书馆为例[J]. 贵图学苑,2018(3):34 - 36.

② 蒋霞美. 河南地市级公共图书馆老年服务现状调查与分析[J]. 周口师范学院学报,2015(1):137 - 140.

③ 何智云. 我国公共图书馆老年人数字阅读服务实践探究——以佛山市图书馆为例[J]. 公共图书馆,2017(4):48 - 52.

④ 朱逸琳. 新时期公共图书馆助力社区“文化养老”的创新实践[J]. 图书馆研究与工作,2018(9):62 - 64.

⑤ 渝北区图书馆. 老年人服务[EB/OL]. [2018 - 11 - 12]. http://www.cqybtsg.org.cn/index.php? c = article&a = type&tid = 56.

3. 健康资讯服务

健康养生讲座和资讯服务是我国公共图书馆普遍开展的老年服务。例如，上海市徐汇区图书馆开设周日老年健康知识讲座，首都图书馆举办“我谈老年人的体育生活”系列讲座，科尔沁区图书馆利用全国文化共享工程资源为多年来支持图书馆工作的老年读者举办“健康知识”讲座，这些活动深得老年读者的欢迎。

4. 文化娱乐服务

知识科普类和健康资讯类的活动形式以讲座为主，休闲娱乐类的活动形式则更为灵活多样，如读书看报、观影看剧、组织老年社团活动，以及开展有关老年人健康类调查报告会、饮食讲座以及社区有奖知识竞赛等。例如，辽宁朝阳市图书馆成立朝阳老年读者之友会，开展“朝阳四大文化”“快乐读书”“健脑强身”“文化养老”等主题交流研讨活动，并与“朝阳市老年文化促进会”“朝阳市老年书画研究会”“朝阳市金秋文学社”等社会团体密切合作，联合举办丰富多彩的文化活动，如“老年文化专题论坛”“老年读书有奖答题”“老年书画创作展”“老年维权知识讲座”“老年读者迎新春联欢会”等，极大地丰富了老年人的精神文化生活①。丹东市图书馆与丹东市老干部局、老干部书画协会等部门联合举办针对老年读者的多种活动，如“鸭绿江的红色记忆”“九九重阳久久情”“上元佳节团圆情”等系列读书征文活动，吸引了众多老年人参加；与丹东市老干部摄影协会联合举办“感知文化　爱我丹东”摄影大赛等，得到了广大老年读者的热烈响应②。厦门市图书馆从2012年以来，为丰富老年人的精神文化生活，策划了一系列活动，选取适合老年人观看的电影题材，年均举办50场免费电影展播活动，观影人数达7000多人次；年均举办各种书画摄影、历史史料等专题展览和作品鉴赏会10场次，吸引了超过1万余人次的老年人到馆参观、研讨和交流，满足老

① 王元. 公共图书馆深化老年读者服务工作的探讨——以朝阳市图书馆为例[J]. 河南图书馆学刊,2014(11):7-8.

② 徐子冰. 公共图书馆老年读者服务工作的思考——以丹东市图书馆为例[J]. 河南图书馆学刊,2017(9):16-18.

年读者琴棋书画、读史写史等多方面的兴趣爱好①。

5. 人文关怀服务

人文关怀服务则充分考虑老年人心理特点，并在细微之处满足老年人的生理和精神情感需求。老年人生活活动范围小、人际交往相对闭塞，常常感到孤独与空虚，图书馆须关注老年人心理健康，及时提供国内外重大事件新闻报道，使老年人不因行动不便、生活闭塞而与社会脱节。图书馆为老年读者提供大字图书，购买有声读物、大触屏电子阅读机，订购老年人喜欢阅读的书刊，提供眼镜、轮椅等服务。人文关怀还体现在使老年人“老有所乐”。例如，厦门市图书馆组建“图书馆服务宣讲团”志愿者队伍，走进福利院、爱心护理院和敬老院，陪老人们聊天，消除他们的孤独与寂寞，并把图书馆最新的服务和基本知识带给他们。

三、面向其他弱势群体的服务

弱势群体通常是指由于某些障碍或缺乏经济、政治和社会机会而在社会上处于不利地位的人。弱势群体通常包括两类群体，一是生理性弱势群体，即有着明显的生理弱势的群体，如未成年人、老人、残疾人等；二是社会性弱势群体，即因社会地位过低、个人收入过少等原因造成的弱势群体，如农民工、拾荒者、失业人员、无家可归者、刑满释放人员等②。英国、美国、日本等发达国家有完备的图书馆服务弱势群体的法律法规体系，如美国的《关于种族歧视和性别歧视的决议》《为贫困人口提供图书馆服务》《图书馆残疾人服务政策》《老年人图书馆和信息服务指南》等；英国的《所有人的图书馆：社会包容政策指南》《激励所有人学习》等；日本的《日本图书馆法规基准总揽》《犯人图书馆服务指南》等③。我国没有专门的针对弱势群体

① 陈晓秦.公共图书馆如何促进“为老服务”可持续发展——以厦门市图书馆“敬老文明号”创建活动为例[J].图书馆界,2015(1):45－47.

② 陆溯,谢珍.面向城市社会性弱势群体的公共图书馆服务研究[DB/OL].[2018－11－12].http://www.chinalibs.cn/ArticleInfo.aspx?id＝441323.

③ 吴宇琳.国内外公共图书馆弱势群体服务策略比较研究[J].图书馆建设,2015(7):60－64.

的图书馆法律法规，但在近年来颁布的图书馆法律法规中均有体现：如《公共图书馆法》第三十四条规定，“政府设立的公共图书馆应当考虑老年人、残疾人等群体的特点，积极创造条件，提供适合其需要的文献信息、无障碍设施设备和服务等。”《公共图书馆服务规范》中规定：“公共图书馆服务对象包括所有公众。应当注重培养少年儿童的阅读习惯，并努力满足残疾人、老年人、进城务工者、农村和偏远地区公众等的特殊需求。”老年人和未成年人服务前文已有涉及，这里就不再赘述，本节重点关注为残障人士、农民工及其子女、求职者和服刑人员提供的服务。

1. 为残障人士提供的服务

针对残障人士，社区图书馆可在馆内设立无障碍通道，加强为各类弱势群体服务的环境建设。例如，允许视障人士携同导盲犬自由进入图书馆，提供盲文显示器、放大镜、语音合成软件、盲文记录机、盲人阅读器、大字符键盘、盲文打印机、大幅面打印机、录制书籍、读取器、帕金斯机等设备；为听力受损的读者提供听力辅助设备、手语翻译等服务。对于因身体残障不能去图书馆的人提供上门服务、电话咨询或流动图书馆服务。

除无障碍设施和阅读辅助设备外，我国很多图书馆均开展了专门针对残障人士的活动。例如，苏州图书馆依托盲人阅览室开展了针对盲人读者的丰富多彩的服务项目，并吸引了社会上众多热心志愿者的参与，形成拥有 7 大主题的“我是你的眼”残障主题活动体系，包括盲人读书会、盲人爱心电影、苏州大讲坛——阳光讲坛、“一帮一　手牵手”、“走出户外　触摸世界”、视障读者系类培训、“真人图书馆”等①。为了保障弱势群体能够平等地享受图书馆的资源，佛山市联合图书馆各成员馆发动社会力量，携手为弱势群体提供各种类型的关爱和帮助。2012 年启动“阅读 温暖——佛山视障读者关爱行动”系列活动，通过为视障者提供盲文书刊、有声读物、听书阅读器等，组织开展面对面朗读、盲用电脑免费培训、“无障碍电影”讲解、送书上门、视障读者故事会、读书会、专题讲座、朗诵会、联欢会、音乐会、

① 苏州图书馆. 开创一个倾听的精彩世界——苏州市文广新局、苏州市残联、苏州图书馆联手举办庆祝第 35 个国际盲人节活动暨盲人智能听书机发放仪式[EB/OL].[2018-11-12]. http://www.szlib.com/szlibinfo/content?articleid=42318.

不定时地外出采风等多种活动关爱视障人士①。

2. 为农民工及其子女提供的服务

根据国家统计局的数据，2017 年我国农民工总量达到 28 652 万人，比上年增加 481 万人，其中外出农民工 17 185 万人②。作为新市民，外来务工人员在适应社区生活、求职就业、子女教育等方面存在诸多疑问和障碍。帮助农民工尽快融入城市文化生活，满足他们多样化、个性化的需求已成为城市文化建设的重要任务，也是公共图书馆义不容辞的社会责任。目前，我国公共图书馆开展的农民工服务主要有节假日慰问、为农民工送书报刊、在农民工聚集区建立流动书屋和图书馆分馆、举办实用技能培训和讲座、帮助农民工网络购票以及开展其他文化活动等。

例如，重庆渝中区图书馆在渝中区南纪门劳务市场内为农民工量身打造了农民工图书馆，设有阅览室、多功能活动室、电影放映室、培训室等，在每年春秋两季招工高峰期，对农民工开展计算机基础培训、就业技能培训等免费培训，同时利用图书馆的网络资源，在电子阅览室为农民工准备了网上求职用工的各种链接，指导农民工网上注册、浏览用工需求、发布求职信息等③。类似的农民工图书馆还有天津河北区仁恒滨河水岸住宅建筑工地建立的天津首家建筑业农民工图书馆、安徽省郎溪县农民工图书馆、兰州市七里河区西园街道西津东路社区的农民工流动图书馆等。此外，一些图书馆把图书直接送到工地，如成都成华区图书馆把生活、科普、健康、军事等内容丰富的书刊送到建筑工地，并在活动现场发放《图书馆服务指南》，指导农民工使用图书馆④；宿松县图书馆将流动图书车开到经济开发区岳塑汽车有限

---

① 屈义华，张妍妍. 佛山市公共图书馆服务体系建设——以佛山市联合图书馆建设为例[DB/OL]. [2018-11-15]. http://www.chinalibs.net/ArticleInfo.aspx?id=435657.

② 国家统计局. 2017 年农民工监测调查报告[EB/OL]. [2018-11-12]. http://www.stats.gov.cn/tjsj/zxfb/201804/t20180427_1596389.html.

③ 刘蓟奕. 重庆市渝中区农民工图书馆助推农民工实现"文化梦"[DB/OL]. [2018-11-15]. http://www.chinalibs.net/ArticleInfo.aspx?id=401100.

④ 彭健. 成都市成华区图书馆为农民工送书到工地[DB/OL]. [2018-11-15]. http://www.chinalibs.net/ArticleInfo.aspx?id=267174.

公司开展“情暖农民工送书进企业”活动①等。郑州市中原区图书馆为西三环建设路后牛庄拆迁房安置小区的农民工开展以“情系金秋——关爱农民工”为主题的杂志捐赠活动，并赠送图书馆宣传手册、布袋子以表达对农民工的敬意和慰问②。

在为外来务工人员子女服务方面，常见的服务活动为图书馆与农民工子弟学校、幼儿园等建立合作关系，开展读书活动，赠送图书、文具等。上海市青浦区图书馆在青浦区隐贤民办小学举办“赠一本书、献一份爱”——农民工服务日赠书活动，在活动中与青浦隐贤民办小学签署了《青浦区图书馆馆外服务点协议》，以便提供更多的资源供师生使用③。浙江龙泉市图书馆打造的小候鸟学堂服务品牌，主要是针对农民工子弟开展各类活动，为其提供均等的阅读服务，组织开展丰富多彩的读书活动，每季或每月举行相应的阅读推荐、阅读体验活动，举办“小候鸟阅读日”等各种形式的读书日活动。与幼儿园、学校联合举办未成年人读书节活动，定期进行送书、送展览、送电影进校园活动，激发农民工子弟的阅读兴趣，丰富他们的文化生活④。

3. 为求职者提供的就业服务

公共图书馆为求职者提供的服务主要包括就业信息咨询、职业教育或职业技能培训。信息咨询服务是指图书馆组织专业馆员，利用馆藏和网络信息，搜集、整理就业专题信息资源，免费提供给求职人员；职业技能培训旨在提高求职者的职业技能，增加其就业率。在这方面，美国图书馆的做法值得我们借鉴。美国公共图书馆的就业支持服务主要包括以下几个方面：一是提供就业相关馆藏资源，如图书、期刊、试听资料、数据库、在线资源、就业相

① 宿松县图书馆. 县图书馆开展“情暖农民工 送书进企业”活动[EB/OL]. [2018-11-15].

② 中原区文旅局. 中原区图书馆开展“情系金秋——关爱农民工”杂志捐赠活动[EB/OL]. [2018-11-15]. http://www.zhongyuan.gov.cn/sitesources/zyqzf/page_pc/zyyw/bmdt/articlef50d21880475445093707c3e46a27728.html.

③ 顾丹华. 青浦区图书馆开展“农民工服务日”赠书活动[DB/OL]. [2018-11-15]. http://www.chinalibs.net/ArticleInfo.aspx?id=173408.

④ 吴婷. 龙泉市图书馆积极开展读者服务工作[EB/OL]. [2018-11-15]. http://www.lishui.gov.cn/sjbmzl/swgcbj/gzdt/201810/t20181026_3440864.html.

关软件等；二是就业相关项目或活动，如求职相关课程、讲座、一对一培训、工作坊、博览会等；三是设立就业信息中心—— 一个满足公众就业、求职需求的集成空间；四是引进志愿者和其他组织合作开展就业相关服务①。

我国公共图书馆就业服务实践还相对较少，只有少数图书馆开展了相关服务。如金陵图书馆在电子阅览室长期设立“职业技能培训专区”，免费为进城务工人员提供驾驶技术、建筑施工、家政服务、物业管理等职业技能培训视频专题课程的点播服务，并安排专门的工作人员对其进行辅导；提供专题信息资源导航和代检索服务，及时采集就业形势、法规政策等方面的信息资源，答复相关信息咨询，在求职人员职业生涯规划和就业创业方面给予帮助和指导。此外，金陵图书馆与南京市总工会签署《“职工书屋”共建协议》，为全市符合条件的基层单位以及大型企业建立图书分馆或流通服务点，提供丰富、专业的文献资料，促进员工深入学习和提高职业水平，不定期在职工书屋开展职业培训和讲座，加快员工职业素养、职业精神的全面发展②。就目前我国社区图书馆的情况，多数缺乏独立开展就业服务的资源和人力，初期可与相关组织机构合作或利用中心馆和总馆的资源，为城市失业或赋闲人员、外来务工人员等提供基础性的就业服务，如信息咨询服务等。

4. *为服刑人员服务*

服刑人员虽然被剥夺了人身自由，但仍然有利用图书资源、享受图书馆服务的权利。阅读是一种有效疏导服刑人员负面情绪的方式。图书馆为服刑人员开展服务的形式包括：赠送图书、设立图书流通站、开设图书馆分馆、举办讲座以及帮教活动、提供就业培训和技能培训等。20 世纪 80 年代中期，我国图书馆就已经开展了面向服刑人员的书籍借阅服务。以上海为例，其服务方式主要有：一是送书到监狱，如川沙图书馆、徐汇区图书馆每 3 个月到监狱送书一次；二是把图书流动车开进监狱，如黄浦图书馆、卢湾图书馆、虹口图书馆等定期把图书流动车开进监狱；三是成立监狱图书馆，如黄浦图

---

① 耿纪昌. 美国公共图书馆就业支持服务的现状和发展趋势[J]. 图书馆研究，2018(4)：80－84.

② 张磊. 奏响读者职业教育的时代篇章——论公共图书馆服务转型与创新[J]. 图书馆理论与实践，2015(4)：74－76.

书馆在宝山监狱、市第三劳教所建立监狱图书馆，卢湾图书馆在上海监狱建立图书馆等；四是签订监狱文化建设协议书，黄浦图书馆、长宁图书馆分别与其所服务的监狱签订《共建监狱文化协议书》，主动参与对监狱服刑人员的思想改造，开展以“读书育人”为主题内容的监狱文化活动；五是建立读书小组开展各种类型的读书活动；六是组织志愿者帮教队伍，与监狱服刑人员开展“一帮一”的社会帮教活动①。

第二节　基于文献类型的服务

一、借阅服务

1. 阅读资源

社区图书馆由于经费有限，其文献数量与种类很难与大型图书馆相比，藏书建设应以满足社区读者需求为宗旨，在内容方面把握如下原则：

（1）实用性

社区图书馆主要为本区居民服务，馆藏建设应针对本区居民生活、工作、学习、娱乐等较为普遍的需求，代表本区域居民的文化生活生平，才能保证藏书适合大多数读者阅读，有较高的利用率。

（2）综合性

社区图书馆要面对不同社会阶层、不同年龄的读者，其需求具有多层次、多样化的特点，如科学普及、自修学习、家庭教育、求职、文化消遣等。因此，馆藏建设应顾及读者多层面、多方位和多角度的需求，体现其综合性。

（3）特色性

社区图书馆馆藏突出所在区域的历史文化特色或者本区域读者的特殊需求，有助于推动具有地域特色的图书馆服务，进一步拉近与读者的距离。这

① 尹美华.上海地区公共图书馆对监狱服刑人员的服务[DB/OL].[2018－11－16].http://www.chinalibs.net/ArticleInfo.aspx?id=141702.

包括两个方面，一是以本地传统文化为基础的特色馆藏建设，如北京东城区第二图书馆建设的“老北京”特色库，涵盖老北京小吃、方言、胡同、建筑、文学、艺术等多方面的内容；二是为满足本区域经济建设或文化发展的特殊需求而建设的特色资源，如深圳盐田区图书馆紧紧抓住滨海城区的海洋特色，重点收藏各类海洋文献资源，并通过各种不同的方式征集、搜集、整理地域性的海洋历史文献①。

(4) 注重数字资源的建设

随着网络、手机、平板等各种智能终端的飞速发展，数字阅读日益成为读者尤其是年轻读者参与阅读的重要方式。因此，有条件的社区图书馆要加强数字资源的建设；暂时没有条件进行数字资源建设的社区图书馆，可通过向读者推荐总馆或中心馆的数字资源进行弥补。

在文献数量和种类方面，我国2016年发布实施的《社区图书馆服务规范》分别对馆藏总量和年馆藏增长率进行了规定，即“按服务人口计算，基本馆藏量应不低于人均0.5册，复本不大于2册，年更新数量不少于10%，报刊年订阅数量应不少于50种”。而在此之前，中国图书馆学会于2015年5月发布的《书香社区标准指标体系》规定，社区图书馆图书总量为5000册(件)，年更新图书率为30%；报纸期刊100种，音像制品30种；要求能“通过联网计算机利用数字资源”②。

2. 导读服务

导读，即引导、指导读者正确利用馆藏资料，增加资源利用率，养成良好的阅读习惯。主要有以下几种服务形式：

(1) 定期举办小型的主题书展或新书推荐活动

围绕社区居民感兴趣的主题进行馆藏书刊的宣传，向读者推荐相关主题的新书和经典图书。例如，天津和平区图书馆举办“舌尖上的食品安全”主

---

① 刘俏. 公共图书馆特色资源服务的创新实践——以深圳市盐田区图书馆为例[J]. 图书馆研究,2018(4):61-64.

② 中国图书馆学会. 中国图书馆学会关于发布书香城市(县级)、书香社区标准指标体系的通知[DB/OL]. [2018-11-19]. http://www.chinalibs.net/ArticleInfo.aspx?id=376277.

题书展，设立专架，精选食品安全相关图书，向广大读者群众普及食品安全相关知识①。一些图书馆利用传统节日举办主题书展，如在端午佳节之际，隆昌市图书馆在综合阅览室展示一批与端午节相关的书籍，让市民在阅读中了解更多端午节的文化内涵②。天津河西区图书馆围绕每年的实事热点、民俗节日以及读者需求，每月推出一次主题鲜明、积极向上、具有特色的主题书展③。重庆沙坪坝区图书馆为迎接党的十九大胜利召开，精心策划了“不忘初心 继续前进”主题图书展等。

（2）编纂导读刊物或书目

社区图书馆人力资源有限，自行撰写书评编辑刊物可能会力不从心，可以定期精选一些已公开发表的书评或图书介绍，制成小册子向读者发放；也可以将近期新书书目分门别类地列出来张贴在阅览室或向读者发放；还可以在微博、微信平台上定期推荐新书和优秀图书导读书目。图书导读书目可以按读者年龄、职业等进行分别推荐，如中学生阅读书目、老年人阅读书目等。

3. 阅读推广活动

阅读推广活动旨在提升读者的阅读兴趣，增强阅读的影响力度，使人们更有意愿、更有条件地参与阅读，现已成为各类图书馆的常规活动，如国内围绕“世界读书日”“图书馆宣传服务周”开展的各项活动，国际上近年来流行的“一本书，一个社区”阅读推广活动等。社区图书馆的阅读推广活动可以从以下几个方面开展：

（1）培育和鼓励家庭阅读

家庭阅读是推进国民阅读的重要力量，强调家庭环境对个人阅读的影响。

---

① 付昱. 天津市和平区图书馆举办“舌尖上的食品安全”主题书展(图)[DB/OL]. [2018-11-19]. http://www.chinalibs.net/ArticleInfo.aspx?id=444035.

② 隆昌市图书馆. 守护民俗节日，弘扬传统文化——隆昌市图书馆开展主题书展·共话端午(图)[DB/OL]. [2018-11-19]. http://www.chinalibs.net/ArticleInfo.aspx?id=437825.

③ 管玉翠. 探析公共图书馆导读服务与全民阅读推广——以河西区图书馆为例[C]//全国中小型公共图书馆联合会，中国知网·中国知识资源总库编委会，上海图书馆杂志. 2017年全国中小型公共图书馆联合会研讨会论文集. 马鞍山：全国中小型公共图书馆联合会，2017：6.

社区图书馆通过组织以家庭为单位的读书活动，达到阅读推广的目的。例如，宁夏阅海万家社区图书馆与英迪贝尔教育咨询有限公司携手，每周定期举办“大风车公益亲子互动活动讲堂”，通过游戏活动在家长和孩子之间架起桥梁；“NYC 父母讲堂”不定期开讲，主要针对中小学生，邀请儿童心理学专家，通过“捕捉儿童敏感期”案例，帮助父母、家庭成员了解孩子，科学正确地面对孩子、面对家庭教育，建立学习型家庭①。

（2）与学校合作提升学生的阅读能力

社区图书馆与学校通力合作，根据学生兴趣广泛、求知欲强的特点，制订阅读推广计划。社区图书馆提供场地和书刊，制定阅读书目，组织读书活动；学校派专业教师给予指导，使学生掌握科学的读书方法。浙江嘉兴市 2017 年 1 月启动的“图书馆第一课”活动，就是嘉兴市图书馆总分馆服务体系开展的馆校合作项目，由图书馆与各小学签订《馆校合作教育协议》，通过为小学生发放图书馆制作的“阅读礼包”，举办丰富多彩的读书活动，培养学生浓厚的阅读兴趣和良好的阅读习惯。例如，嘉兴市图书馆余新分馆和余新镇中心小学、王江泾镇图书馆与长虹小学分别签订了《馆校合作教育协议》。到 2017 年底，嘉兴已经在市本级全面铺开了“图书馆第一课”的阅读推广项目，嘉兴市图书馆及 11 家区、镇（街道）分馆与当地中小学、幼儿园共开展了 220 场形式各异的“图书馆第一课”活动，共有约 5600 名中小学生、学龄前儿童及家长参与，共计发放 5000 份阅读礼包②。

（3）组织面向社区成年人的读书活动

组织面向社区成年人的读书活动，可以促进阅读推广活动的开展，具体活动包括：阅读讨论活动，图书馆做好充分的活动准备，搜集所讨论图书的作者情况、创作背景、作者观点、待讨论的问题等信息，组织阅读本书的读者参与讨论；读书征文活动，拟定征文主题，针对学生、农民、成人等群体开展阅读征文活动，评选出优秀征文给予奖励；鼓励读者参与文化交流互动。

---

① 张萍，张惠芳. 民族地区城市社区阅读推广研究——以宁夏阅海万家社区为例[J]. 河北科技图苑，2018(1)：61－65.

② 王学思. 浙江嘉兴：让孩子们上好“图书馆第一课”(图)[DB/OL]. [2018－11－19]. http://www.chinalibs.net/ArticleInfo.aspx?id=447392.

例如，南京雨花图书馆将读书“搬”到牛首山，与郊游、交友完美结合到一起，以“全民阅读”为主线，以“书”为媒介，以“诗”抒发情怀，开展了多种形式的阅读活动，吸引近千人前来体验郊外的休闲阅读新方式，获得了参加者的一致好评①。

二、信息服务

社区信息服务最早出现于20世纪60年代的美国，之后在西方公共图书馆逐渐发展起来。1980年，英国图书馆协会公布的研究报告《社区信息：公共图书馆能做什么?》对社区信息服务的概念做出了明确界定，即“社区信息服务是帮助个人或团体解决日常生活问题，参与民主进程的服务。该服务的重点是人们所面临的至关重要的问题，即与家庭、职业、权利有关的问题”②。联合国教科文组织于1994年发表的《公共图书馆宣言》指出，“公共图书馆服务的核心应该与信息、扫盲、教育和文化密切相关”“使社区每一个人都能确实得到图书馆服务”。图书馆开展社区信息服务，能够帮助居民解决与其日常生活、工作和学习密切相关的问题，对提高社区居民个人技能和生活素质、扩大社区居民交往范围、改善社区居住环境、促进当地的社区建设等具有重要作用。在我国，社区信息服务的内容主要有以下两种：

（1）政府信息

《中华人民共和国政府信息公开条例》第16条规定，各级人民政府应当在国家档案馆、公共图书馆设置政府信息查阅场所，并配备相应的设施、设备，为公民、法人或者其他组织获取政府信息提供便利。行政机关可以根据需要设立公共查阅室、资料索取点、信息公告栏、电子信息屏等场所、设施，用以公开政府信息。行政机关应当及时向国家档案馆、公共图书馆提供主动公开的政府信息。图书馆应公开的政府信息既包括国家大政方针，也包括与

① 雨花图书馆. 庆祝改革开放40周年·全民阅读嘉年华[EB/OL].[2018-11-19]. http://www.yuhualib.cn/show/?94-657.html.

② 肖永英. 论公共图书馆社区信息服务的主要内容[DB/OL].[2018-11-20]. http://www.chinalibs.net/ArticleInfo.aspx?id=21217.

居民切身利益相关的政策信息，具体有：国家法律、行政法规、规章和规范性文件；行政事业性收费的项目、依据、标准；扶贫、教育、医疗、社会保障、促进就业等方面的政策、措施及其实施情况；环境保护、公共卫生、安全生产、食品药品、产品质量的监督检查情况等。社区图书馆应将国家和地方政府公开信息资料开放专架摆放，便于居民查阅，并在图书馆网站开辟政府信息公开专栏，方便读者查询。

（2）实用性信息

与国家和地方政府政策性信息相比，实用性信息与居民的日常生活、工作和学习关系更为密切。社区图书馆应对社区居民的需求、个性、习惯进行调查和分析，筛选与居民日常生活相关的健康、家政服务、法律、住房、理财、交通、就业、婚介、旅游等各方面信息，编印小报、指南、宣传单、手册等，设专架摆放，有条件的社区图书馆还应编制网上导读，为居民网上检索、查询相关信息提供方便。例如，美国社区图书馆通过电子邮件向订阅的读者定期推送《社区图书馆通讯》，向读者介绍社区图书馆的各种服务、文化活动以及社区新闻①。此外，失业者、残障人士、外来人口、老年人等弱势群体的信息需要也应被纳入调查范围，如社会福利、就业、教育、培训信息等，这些信息的获得需要社区图书馆与本区域的社会福利机构、社区中心、医院、养老院等加强联系和合作。

第三节　基于活动空间的服务

一、讲座服务

进入21世纪以来，我国公共图书馆讲座服务蓬勃发展，出现了很多知名品牌，成为公共图书馆履行社会教育职能的重要手段。2005年，首届全国图

① 钟源，吴振寰，陈能华．美国社区图书馆服务内容分析及对我国的启示［DB/OL］．［2018－11－20］．http://www.chinalibs.net/ArticleInfo.aspx?id=435274.

书馆讲座工作研讨会召开。考虑到经济发展水平、人才资源、科研水平、人文环境以及各地传统文化的差异导致的各地公共图书馆讲座资金投入、硬件设施建设等不平衡，2010年，由国家图书馆牵头成立了全国公共图书馆讲座联盟，以期达到各地图书馆之间加强合作，资源共享，互帮互补，均衡推进图书馆讲座的全面发展的目的①。由此，我国公共图书馆公益讲座进入快速发展阶段。

目前，我国公共图书馆开展社区讲座的出发点和落脚点是宣传时事、政策、法规、常识、知识等，丰富居民文化生活，帮助居民解决生活问题。社区讲座活动内容以面向社区居民、贴近生活、解决居民生活问题的实用性、普及性知识为主，主要分为以下几类：

（1）青少年教育类

此类讲座意在使青少年开阔眼界、增长知识，树立远大的理想和信念，讲座内容涉及青少年心理健康、法制道德教育、家庭教育、课余生活、学习方法等方面。例如，金华市图书馆的“如何建立和谐的亲子关系”、珠海市图书馆的“中国青少年音乐教育——除了技巧，还需要学什么”等。

（2）健康保健类

此类讲座以帮助居民正确认识病源，了解病程、病理方面的知识，树立正确的健康理念为主要目标，有些还教会居民一些简单的医学知识、易学的自疗方法等。主题通常分为慢性病防治类、传染病防治类、心理卫生类、中医保健类、食品安全类以及识别伪医学知识等多个类别。如深圳图书馆的“自律的饮食可以逆转糖尿病吗”、泉州市图书馆的“关注中医 学习小儿推拿——宝宝积食的推拿手法”、上海徐汇区图书馆的“夏季皮肤病的防治”等。

（3）地方文化

打造地方品牌是社区图书馆开展讲座服务的一大亮点。地方文化知识讲座以挖掘地方历史文化内涵、提炼地区精神、传播优秀文化、紧跟当前社会热点为宗旨。例如，绵阳市图书馆的中华传统文化系列讲座、衡阳市图书馆

① 金龙．关于全国公共图书馆讲座联盟的实践与思考[J]．图书馆工作与研究，2012(8)：97－99．

的“晚清官场奇葩——彭玉麟心中的江湖”、菏泽市图书馆的传统文化公开课等，从多个角度展示具有浓郁地方特色的历史文化。

（4）科普知识类

科普知识讲座主要是向社区居民普及推广科技知识，提高其科技素养，主题包括安全、防火防盗防诈骗、反邪教、灾害应急反应、前沿科技等。例如，南京图书馆的“火星探测：通往未来的远征”、唐山市图书馆的“地震无情，减灾有道——纪念唐山抗震胜利40周年防震减灾科普知识讲座”等。

（5）法律资讯类

此类讲座意在普及与社区居民生活息息相关的法律知识，如《继承法》《婚姻法》《妇女权益保障法》《消费者权益保护法》《道路交通安全法》《食品安全法》等，提高和增强社区居民的法律意识，提升他们懂法、用法的能力。例如，襄阳市图书馆“以法治思维和法治方式捍卫‘舌尖上的安全’”、孝感图书馆“新常态下的家庭资产配置”等讲座。

（6）阅读推广类

此类讲座是指通过分享阅读经验与体会、开展互动交流、探讨阅读中的问题等方式推进全民阅读的讲座形式。例如，镇江市图书馆“幼儿早期阅读的十个问题”、重庆渝北区图书馆“阅读的困境与救赎”等讲座。

（7）文史艺术类

此类讲座内容庞杂，包括中外历史、哲学、国学、文博、戏曲、诗歌、音乐、舞蹈、绘画、书法、动漫等多个类别。例如，南宁市图书馆的“今天我们该怎样读鲁迅”“《从乞丐到将军》曾外甥女忆‘老桂系’”，苏州图书馆的“中国传统画派——米点山水”，上海图书馆的“横看成岭侧成峰——朝鲜半岛汉籍里的中国”等。

（8）政治经济类

此类讲座主题以国际形势、国家政策、经济动态等的焦点话题为主，用客观、理性的态度，深入浅出的语言为居民解读国家政治经济生活中的热点话题，提高居民参与国家事务的热情。例如，九江市图书馆的“印太战略与中美关系”、广州图书馆的“借力乡村振兴东风，加快我市‘三农’事业发展”等讲座。

（9）社会生活类

此类讲座以人民群众普遍关心的时下生活热点、难点为主题，如时尚潮流、投资理财、就业择业、人际交往等，为居民困惑的问题提供切实可行的解决方法。例如，太原市图书馆的“高考自主招生报考指导”、九江市图书馆的“中国美术教育的现状和发展趋势——美术联考的训练和应试攻略”、佛山市图书馆的“职场口才与沟通技巧”等讲座。

（10）心理健康类

心理健康讲座意在提高居民调节自身情绪，排解不良情绪的能力，从而有效维护自身心理健康。这一类讲座通常以关注弱势群体为主，如未成年人、刑满释放人员、留守儿童、残障人士、老年人、家庭妇女等。例如，贵阳市图书馆的“家庭教育之赞美与接纳”、宜昌市图书馆的“关系智慧与和谐人生”等。

二、文化活动

社区图书馆的文化活动，多以阅读推广为最终目的，意在吸引更多读者参与图书馆活动，了解图书馆服务和资源，通常有以下几种形式：

（1）培训学习

社区图书馆应根据居民需求开展一些与日常生活相关的技能培训，满足居民终身学习的需求，如演讲培训、朗读培训、少儿计算机培训、外语培训、老年人计算机（手机）使用培训、3D 打印培训、音乐欣赏课、数字图书馆使用培训、急救知识培训、无线电修理培训等。

（2）影视播放

目前，大多数公共图书馆的影视播放活动多针对儿童和青少年，如利用假期为中小学生播放优秀电影、红色电影，在少儿活动中播放动画片等。一些图书馆在影片播放完毕后附有鉴赏、讨论等活动。

（3）手工制作

儿童和青少年的制作活动侧重于益智和体现童趣，如制作月饼、饺子、纸杯蛋糕、节日贺卡、智能机器人、水拓画、纽扣画、彩绘以及折纸等；成人手工艺制作活动则侧重展现手工艺的文化价值，例如：剪纸，串珠，打中国结，画脸谱，制作灯笼、风筝、布艺老虎、宫灯、十字绣钥匙扣、油纸伞等。

（4）展览

根据展览的内容可分为：图片展（如喜迎党的十九大图片展、“奋进小康”主题图片展、“纪念改革开放四十周年”图片展、安全知识图片展、学习《公共图书馆法》图文展）；图书展（古籍文献联展、诗词歌赋类图书展、传统民俗类图书展、自然科学类图书展）；摄影展（如端午节主题摄影展、“寻找图书馆最美阅读空间、人文阅读”摄影作品公益展）；书画展等。

（5）竞赛

图书馆开展的竞赛活动有以下类型：征文大赛、中小学生作文比赛、讲故事比赛、朗诵演讲比赛、摄影机视频制作大赛、知识竞赛、玩具创意比赛、海报创意设计大赛等。

（6）文艺演出

文艺演出活动为社区居民展示自身才艺提供了舞台，社区图书馆多与社区组织合作，吸纳一些有才能并热心公益的人士参加和组织演出活动，调动居民参与社区文化活动的积极性，同时宣传图书馆服务。

（7）节假日主题活动

传统节日是图书馆举办社区文化活动的重要时机，如元旦（新年诗会、新年茶话会）、春节（猜灯谜、“看图书，送春联”活动）、元宵节（闹元宵猜灯谜活动）、妇女节（讲座）、青年节、儿童节（文艺演出）、建军节（拥军慰问）、建党节（播放主旋律电影）、七夕节、教师节（“亲制纽扣花感谢师恩”活动、教师节献礼——贺卡制作活动）、重阳节（敬老、爱老活动）等。

第四节　其他服务类型

一、流动服务

流动服务是图书馆服务拓展和延伸的有效手段，可有效解决远离图书馆或交通不便地区居民的看书问题。图书馆开展流动服务最早可追溯到 1892 年，美国纽约州图书馆用最简单的篷车将图书送到边远地区巡回送卖。20 世纪初，美国公共图书馆领域就开始使用流动图书馆，以解决公共图书馆系统不够完善、分馆数量少、网点覆盖面小等问题，并重点解决特殊人群和节假日等服务时间的问题。流动图书馆服务从此在国际上被广泛使用①。

在我国，民国时期浙江流通图书馆已经使用自行车送书，还有图书馆推着巡回图书车，挑着图书担，把知识送给基层民众。1983 年，河北省唐山市丰南图书馆用一辆加重自行车开展流动服务，图书馆人骑着它送科技、送知识，走遍了全区所有乡镇和大部分村庄。1985 年，我国第一台汽车图书馆专用车试制成功，并交付武汉图书馆使用。1986 年，该专用汽车通过鉴定，获准进行批量生产。20 世纪 80 年代后期，我国各级公共图书馆已拥有 60 多座汽车图书馆，分布在 20 多个省、市、自治区使用②。进入 21 世纪，随着我国政府大力推进公共文化服务均等化、便利化，公共图书馆流动服务得到了快速发展；同时，伴随着新技术的应用，流动服务设备、形式也出现了新变化。以丰南图书馆为例，2009 年，丰南图书馆流动服务车换成了 6 座的全顺面包车，其服务功能也从单一的图书借阅，扩展为具有文化共享工程视频播放与电子阅览的数字信息服务功能，并被命名为“书香丰南‘动车组’”。2011 年，“书香丰南‘动车组’”继续对流动车及配置进行改进完善，车上采用适应集群管理的管理软件，应用 3G 网络与馆内服务器连接，配载小型自助借还设备，实现了户外流动服务的智能化③。

2015 年，中共中央办公厅、国务院办公厅印发了《关于加快构建现代公共文化服务体系的意见》，指出要大力开展流动服务和数字服务，打通公共文化服务“最后一公里”。目前，我国公共图书馆的流动服务已实现了数字化、智能化，服务形式也不再局限于汽车图书馆，还出现了公交车图书馆、地铁图书馆以及借助物流的流动图书服务模式，极大地补充了图书馆阵地服务，在实现公共文化均等化、便利化中发挥着重要作用。

（1）汽车图书馆

汽车图书馆即图书馆根据市民需求选出图书，利用流动图书车开展巡回

---

① 陈慰，顾晓光. 公共图书馆服务时间拓展研究[J]. 图书馆建设，2016(2)：10－14.

② 水天庆. 我国汽车图书馆的兴起及发展[J]. 图书与情报，1989(3)：72－73.

③ 刘志大. 书香丰南“动车组”(图)[DB/OL]. [2018－11－21]. http://www.chinalibs.net/ArticleInfo.aspx?id=447597.

服务。这种服务方式有利于解决偏远地区居民看书难的问题。流动车内有一定数量的图书、杂志，有阅览座位，供读者上网浏览的电脑，全车无线网络覆盖，并安装了空调、音响等设备。汽车图书馆是目前为止应用最广泛的流动服务，其服务内容包括现场阅读、借书、还书、办证、咨询等。一些汽车图书馆还可以提供数字文献资源、网络预约借书、网络参考咨询、馆际互借、电子文献传递等服务。类似于汽车图书馆服务这种借助运输工具开展流动服务的方式还有流动图书船、摩托车和自行车图书馆，以及在偏远山区开展的马背图书馆、驴车图书馆和背篓图书馆等。

（2）公交车流动图书馆

2015 年以来，我国各地城市出现了公交车流动图书馆，即在公交车或站台上摆放书架，放置图书、杂志供乘客阅读，有的还提供借阅服务。例如，2015 年 11 月，合肥肥东县在 22 辆公交车上设置“流动图书馆”，即在司机座位后方的挡板处及后门的位置，放置一个可摆放杂志书籍的小书架，乘客上车后便可按个人爱好自行取阅，不需要办理任何借阅手续，只需下车时放回原处①。2016 年 4 月，河南郑州在 95 路公交车上设立书架，乘客可在车上看书，也可借回家看，借阅时只需扫描二维码，将“书名 + 乘客姓名 + 联系电话”发送到微信后台备案，即可将书借走；还书时，市民在该微信后台留言后，可在任意一辆 95 路车上进行还书，借书时限最长为半个月②。2017 年 7 月，青岛公交集团城阳巴士有限公司联合青岛农业大学启动了“打造流动书屋，创建书香青岛”活动，在城阳区长城路公交站试点增设了“流动书屋”，让广大乘客在候车之余能够翻阅书籍。如需借阅，市民只需通过手机微信扫描借阅图书封皮上的二维码标签，志愿者们每天都会对借阅书籍进行整理、登记，待借阅完毕后只需归还给任意一个通往长城路的公交车即可③。

---

① 李文靖，张永骏. 流动图书馆登上公交车[DB/OL].［2018－11－21］. http://www.chinalibs.net/ArticleInfo.aspx?id=387707.

② 程时培. 郑州 95 路公交开设流动图书馆 最长可借半个月（图）[DB/OL].［2018－11－21］. http://www.chinalibs.net/ArticleInfo.aspx?id=447603.

③ 韩小伟，张庆春. 公交车站设“流动书屋”500 本图书供候车乘客翻阅（图）[DB/OL].［2018－11－21］. http://www.chinalibs.net/ArticleInfo.aspx?id=447607.

（3）地铁图书馆

随着城市地铁交通的不断发展和完善，越来越多的市民选择地铁出行。近几年，我国一些城市出现了地铁图书馆，成为公共图书馆服务延伸和拓展的又一重要方式，代表性的有南京地铁图书馆、武汉地铁图书馆、上海地铁图书馆、北京地铁图书馆等。各地的地铁图书馆运营和服务模式各不相同，有的运营不到一年就难以为继。

2008年8月底，上海地铁9号线在全国率先推出首个自助式流动图书馆，在沿线12个车站设置书刊取阅架，免费提供20多种图书杂志，乘客无须登记，自由取阅，只需出站时归还。但是运营两个月后，地铁图书馆“丢书”现象日益严重，到2009年3月，多个站点已无书可借①。

2010年9月3日，南京地铁图书馆在地铁1号线新街口站落成开放。乘客凭身份证、公交IC卡或者市民卡，就可以在地铁服务点内现场注册金陵图书馆借书证，现场借还书。地铁图书馆与金陵图书馆新馆、长江路馆以及遍布全市各地的各社区分馆、汽车图书馆服务点都能实现图书馆资源的通借通还②。

2012年11月，武汉地铁图书馆在地铁2号线安装完成，共设置21台自助图书机，每台图书机共拥有8000多册图书，占地面积约6平方米，乘客可通过武汉一卡通自动借还图书，地铁站可通借通还，2017年地铁图书馆启用武汉通读者证，与24小时自助图书馆实现通借通还。

2015年1月12日，北京“M地铁·图书馆”开始运行。与其他城市地铁图书馆不同的是，北京地铁图书馆只提供电子图书，乘客通过扫描车厢内二维码，并完成注册后，即可免费在线阅读电子书③。

（4）图书物流模式

图书物流模式是指物流公司将图书送到流动图书分馆或者读者家中的服务模式。以广东为例，广州图书馆提供送书上门服务，读者可随时随地通过

---

① 李雅，周俊烨. 国内地铁图书馆服务效能比较研究[J]. 图书馆工作与研究，2016(11):90-93.

② 胡绍军. 关于地铁图书馆实践的探讨——以上海、南京两地的探索为例[DB/OL]. [2018-11-22]. http://www.chinalibs.net/ArticleInfo.aspx?id=383991.

③ 黄海蕾. 北京首个地铁图书馆开馆扫二维码可看电子书[DB/OL]. [2018-11-22]. http://www.chinalibs.net/ArticleInfo.aspx?id=368762.

网络申请，以物流方式直接把图书送到读者手上或代读者归还图书①。广东省立中山图书馆则是以物流概念构建图书馆共享协作网络，即省馆与书商、物流公司合作，根据实际需要，物流公司把新书直接从书商的供应地配送到流动图书馆分馆，每批新书每半年流动一次，按照预定的流动路线，物流公司把新书配送到本地区的一个分馆，同时把另一批新书补充到位②。

图书物流服务模式使那些交通不便、出行不便或距离图书馆较远的读者能够及时看到新书。国内图书馆由此衍生了信用借还服务，即芝麻信用达到一定分数，即可免办证、免押金、线上借、送上门，通过支付宝借还图书，享受快递到家服务，这种服务节省了读者借书的交通成本和时间成本。如杭州、温州、上海、合肥等地的公共图书馆均已开展此项服务。

二、自助图书馆

自助服务有两种形式：一是图书馆自助服务机，可安装在广场、社区、商业中心等大型公众场所，典型的如深圳图书馆的“城市街区 24 小时自助图书馆”；二是自助图书馆，一般独立位于图书馆的馆舍之外，典型的如张家港市图书馆在全国首创的 24 小时自助图书馆“图书馆驿站”。目前，我国的自助图书馆服务多集中在城市社区，偏远地区或农村地区很少有自助图书馆服务，因此出现了城市和农村、经济发达和不发达地区差异化发展的局面。

2006 年 7 月，深圳图书馆新馆开馆，提出了“开放、平等、免费”的办馆理念，并于年底启动了自助图书馆的研制工作。2007 年 6 月，该工作被列为文化部科研项目和深圳市重点文化建设基目，正式定名为“城市街区 24 小时自助图书馆系统”。2008 年 4 月，首台自助图书馆服务机问世，2008 年底，首批 10 台服务机投入运行③。自此，自助图书馆从深圳辐射至全国范围，截至 2017 年已覆盖省（自治区、直辖市）达 29 个，基本实现全覆盖，覆盖城

---

① 广州图书馆. 服务项目[EB/OL].[2018 - 11 - 22]. http://www.gzlib.gov.cn/servitems/index.jhtml.

② 谢小燕，王蕾. 广东流动图书馆建设实践研究[J]. 图书与情报，2011(2):84 - 90.

③ 吴晞. 勇于创新，敢于超越——深圳自助图书馆技术牵引创新及其人文理念[DB/OL].[2018 - 11 - 22]. http://www.chinalibs.net/ArticleInfo.aspx?id = 264402.

市达到70多个①。自助服务机可提供以下服务：申办新证、自助借书、自助还书、预约服务、查询服务、续借服务、存入预付款与滞纳金自助扣缴、图书下载、无线上网、自助阅读等。

2013年，张家港市图书馆在全国首创24小时自助图书馆新模式——图书馆驿站，受到社会各界好评。各图书馆驿站占地35至200平方米，内置十大功能系统：自助借还系统、自助办证系统，自助门禁系统、自动上网系统、灯光自动控制系统、空调智能控制系统、远程监控系统、消防报警系统、数字汇总分析系统和故障自检及应急响应系统，市民仅凭市民卡即可刷卡入内阅读或借还图书，实现了全天候无人值守，工作人员通过手机驿站实现24小时不间断远程监控，发现问题及时处理。站内图书由张家港市图书馆统一调配、统一流转，与全市各级公共图书馆、图书馆驿站实行资源共享，数字阅读平台共享市图书馆数字资源；实行志愿服务的运行机制，常年招募文化志愿者，协助参与日常管理②。2014年，首个建在农村社区的24小时图书馆驿站开始运营，到2017年6月，张家港已在全市（包括镇、村）建成图书馆驿站32家，2016年共接待读者92万人次③。

---

① 熊赳赳.我国自助图书馆建设现状与发展策略[D].湘潭:湘潭大学,2017:1－58.

② 刘锦山,刘锦秀.缪建新:百姓家门口的文化驿站[M]//霍瑞娟,刘锦山.基层图书馆建设与服务创新.北京:国家图书馆出版社,2016:31－37.

③ 张贺.江苏张家港24小时图书馆一年接待读者92万人次[DB/OL].[2018－11－22].http://www.chinalibs.net/ArticleInfo.aspx?id=447698.

第三章　公共图书馆社区服务机制

第一节　合作机制

公共图书馆社区服务是公共文化服务的重要内容。社区是现代社会的基本单元，推动公共图书馆服务进社区，让广大群众能够就近方便地获得公共图书馆服务，是文化惠民的重要表现。在这一过程中，公共图书馆应坚持社会化发展，充分发挥社区居委会、业主委员会等社区管理机构或自治组织的作用，与其建立有效合作关系，整合双方优势资源，促进公共图书馆服务在社区落地生根。

一、社会化合作

公共图书馆服务属于公共服务之一，为确保公益性，坚持政府主导是开展一切公共服务工作的基本原则，公共图书馆服务进社区也应注重政府主导作用，响应政府的相关政策，争取政府主管部门的支持。在此基础上，为充分激发公共图书馆服务的活力，图书馆还应积极与社区组织密切联系，展开良性互动，建立双赢的合作机制。《国务院关于加强和改进社区服务工作的意见》（国发〔2006〕14 号）提出在社区服务工作中应“坚持社会化”的基本原则，“发挥政府、社区居委会、民间组织、驻社区单位、企业及个人在社区服务中的作用，政府提供公共服务，鼓励、支持社区居民和社会力量参与社区服务”①。《民政部关于进一步推进和谐社区建设工作的意见》（民发

① 国务院. 国务院关于加强和改进社区服务工作的意见[EB/OL]. [2018－04－23]. http://www.gov.cn/zhengce/content/2008-03/28/content_6609.htm.

〔2009〕165号）提出，“依托社区服务中心和社区服务站，积极推进以就业、社会保险、社会救助、社会治安、医疗卫生、计划生育、文化、教育、体育为主要内容的政府公共服务覆盖到社区，促进实现城乡基本公共服务均等化”①。

加强社会化合作以推进公共图书馆社区服务，这是基于我国当前公共图书馆事业的发展现状而必然要采取的对策。和欧美等发达国家相比，我国公共图书馆事业起步晚，底子薄。直到“十五”时期，我国才基本完成“县县有图书馆”的目标，但多数县级图书馆乃至一些县级以上的图书馆基础设施和服务能力都很薄弱。尤其从服务人口来看，我国公共图书馆的发展严重不足。《中华人民共和国2017年国民经济和社会发展统计公报》数据显示，至2017年底，我国共有公共图书馆3162个，全国大陆总人口139 008万人，其中城镇常住人口81347万人②。也就是说，平均43.96万人才有一个公共图书馆。考虑到我国基本上都是在县级及以上城市才设立公共图书馆，但即使只按照城镇常住人口来计算，也平均25.72万人才有一个公共图书馆。可见，我国公共图书馆建设基础依然薄弱，图书馆服务辐射范围有限。所以，如果只依靠图书馆阵地服务，是无法实现公共图书馆为社会全体公民服务的职责与使命的。公共图书馆必须走出去，大力推广图书馆延伸服务，推动图书馆服务进机关、进学校、进企业、进军营、进社区、进农村。其中，社区的重要性尤为突出。社区集中生活着不同职业、不同年龄的各个人群，是构成社会有机体的细胞，是宏观社会的缩影。当前，社区正在成为城乡居民参加各种文化娱乐活动的重要场所，在经济发展水平越高的地区，社区越是居民生活中的重要存在。从图书馆服务角度来说，公共图书馆作为“第三空间”的功能在现代社会日益受到关注，公共图书馆也被认为是社区居民生活中的“第二起居室”。例如，美国华盛顿州塔科马港市的皮尔斯县图书馆体系对图书馆的定位就是“社区的起居室”，馆员和社区居民均对此高度认可，在大

---

① 民政部. 民政部关于进一步推进和谐社区建设工作的意见[EB/OL].[2018-04-23]. http://www.mca.gov.cn/article/yw/jczqhsqjs/fgwj/201605/20160500000427.shtml.

② 国家统计局. 中华人民共和国2017年国民经济和社会发展统计公报[EB/OL].[2018-04-23]. http://www.stats.gov.cn/tjsj/zxfb/201802/t20180228_1585631.html.

家看来，图书馆服务不仅仅能给社区居民带来图书和信息，还能有效提升社区的文化生活品质，提高社区的宜居指数①。由此可见，在当前社会发展环境下，公共图书馆的社区服务极为重要且充满挑战。而社区服务对象的多样化，社区中不同服务人群需求的个性化，又给公共图书馆的社区服务提出了更高要求。公共图书馆的社区服务显然已成为我国当前公共图书馆事业中的一项重要而迫切的发展任务。

如何使公共图书馆的社区服务尽快且更好地满足社区居民的需求？巧妇难为无米之炊。首先，公共图书馆需要集合更多人、财、物等方面的资源，那么，与政府部门、社区组织等社会力量展开合作就很有必要了，从而实现双方或者多方优势资源的整合互补。通常来说，公共图书馆的社区服务有这几种实现途径：①设立固定的服务点，如社区图书馆（室）；②没有固定服务场所，通过定期或不定期开展流动服务为社区提供图书馆服务，如送书进社区，面向社区居民举办讲座、展览以及其他各种读书阅读活动；③通过互联网和新媒体渠道提供在线服务。这几种途径都适于通过公共图书馆与其他机构组织建立合作来更快、更好地实现社区服务。公共图书馆的优势资源包括专业人才和丰富的馆藏资源，在合作中应注意扬长补短，如由社区提供场所和基础设施，安排日常管理人员，公共图书馆则负责配置图书文献和管理系统，并为管理人员进行专业、规范的服务培训，合力为社区居民提供优质、便利的图书馆服务。

二、“图书馆+社区组织”为核心的合作

这里的社区组织是指在社区范围内开展活动的各类组织，包括社区党组织、社区居委会、业主委员会、社区服务中心（站）、社区社会组织、驻社区单位等。其中，社区居委会和业主委员会是社区自治组织；社区服务中心（站）是政府在社区层面设立的公共服务平台；社区社会组织是依法注册或备案，参与社区管理和服务的非营利性组织，包括社区志愿服务类、社区慈善公益类、社区生活服务类、社区事务类、社区文体活动类等

---

① 刘淑华，刘锦山. 沉思与对话：城市图书馆运营创新[M]. 北京：国家图书馆出版社，2014：315－316.

各类社会组织①。

我国负责办理本社区（村）公共事务和公益事业的居（村）委会属于基层群众性自治组织，而非基层政权组织。《中华人民共和国城市居民委员会组织法》第二条规定，“居民委员会是居民自我管理、自我教育、自我服务的基层群众性自治组织”②。《中华人民共和国村民委员会组织法》第二条规定，“村民委员会是村民自我管理、自我教育、自我服务的基层群众性自治组织”③。随着我国城镇化进程不断加快，社区建设也越来越受重视，城市社区发展迅速。从2006年开始探索农村社区建设至今，国家多次下发相关政策文件，各地积极推进，采取“转、并、联”方式开展村级组织设置改革，将原有的自然村通过规划整合建成农村新社区，农村社区建设呈现出如火如荼的发展势头。民政部《2016年社会服务发展统计公报》数据显示，截至2016年底，基层群众性自治组织共计66.2万个，其中村委会55.9万个、居委会10.3万个；全国共有各类社区服务机构和设施38.6万个，其中社区服务指导中心809个（其中农村27个）、社区服务中心2.3万个（其中农村0.8万个）、社区服务站13.8万个（其中农村7.2万个）；社区服务中心（站）的覆盖率为24.4%，其中城市社区服务中心（站）覆盖率为79.3%、农村社区服务中心（站）覆盖率达14.3%④。

居（村）委会、业主委员会等社区自治组织是公共图书馆开展社区服务的最佳合作伙伴。这些社区组织在社区服务中具有独特优势，具有管理社区公共事务的职能，在社区居民中具有较高的信任度和权威性，十分了解社区情况，能够切实掌握居民需求。此外，社区中的非营利性社会组织，如社区志愿服务类组织、慈善公益类组织、文体活动类组织以及驻社区单位等也是

---

① 黄恒学，梁鸿飞，管仲军，等.北京社区公共服务建设研究[M].北京：中国人民大学出版社，2016：115-118.

② 中华人民共和国城市居民委员会组织法[EB/OL].[2018-04-24].http://www.mca.gov.cn/article/gk/fg/jczqhsqjs/201507/20150700848492.shtml.

③ 中华人民共和国村民委员会组织法[EB/OL].[2018-04-24].http://www.mca.gov.cn/article/gk/fg/jczqhsqjs/201507/20150700848493.shtml.

④ 民政部.2016年社会服务发展统计公报[EB/OL].[2018-04-24].http://www.mca.gov.cn/article/sj/tjgb/201708/20170800005382.shtml.

公共图书馆开展社区服务时的优选合作伙伴。公共图书馆宜建立以“图书馆+社区组织”为核心的合作伙伴关系来推进社区服务工作更好地开展。其中，图书馆应为主导一方，为图书馆社区服务做出规划，科学布局，规范标准，确定图书馆社区服务的发展方向；同时，充分体现社区组织在合作中的积极作用，发扬其地利、人和方面的优势，帮助图书馆更好地了解社区居民的需求，更快融入社区文化建设。还需要提醒的是，以“图书馆+社区组织”为核心建立合作伙伴关系，在合作中，除图书馆和社区组织之外，还可以有其他合作方，如政府部门、其他机构或者个人等社会力量。总之，公共图书馆在开展社区服务时应注重充分吸纳各方力量，建立多方联动、灵活共赢的合作机制，在人、财、物等方面进行优势互补，形成强大合力。

在这方面，美国公共图书馆提供了有益的借鉴和启示。美国公共图书馆的社区服务现已发展得十分成熟，已建立了较为成熟而全面的合作机制，主要的合作伙伴有政府、社区委员会、“图书馆之友”、志愿者队伍等，可帮助图书馆筹集资金，为其捐赠图书和其他资源，或者参与图书馆管理与服务评估，协助图书馆开展相关活动。例如，美国康涅狄格州的纽海文免费公共图书馆（New Haven Free Public Library，NHFPL）与耶鲁大学及一些非营利组织建立了合作伙伴关系，共同实施该市的一项工业区技术开发计划，还与国家司法部和该市的警察机关合作，将当地的GIS数据进行整理，并提供给广大社区居民使用①。另外，美国几乎所有图书馆都有“图书馆之友”。这是一个非营利性的会员制社会团体，由热爱图书馆事业的非馆内人士组成，包括热心读者、离退休馆员和已卸任的图书馆委员会人员等，主要功能包括为图书馆募集资金，宣传图书馆以扩大图书馆影响力，招募志愿者为图书馆提供人力支持，以及开展政治游说以提高政府对图书馆的财政支持。“图书馆之友”在美国公共图书馆的社区服务中发挥了令人瞩目的作用，是图书馆与社区形成紧密联系的重要纽带。国外有研究人员将一个大城市图书馆、一个小城市图书馆和一个郊区图书馆系统进行对比，分析了不同服务人口规模对公共图书馆“图书馆之友”运作效果的影响，结果表明，“图书馆之友”对于

① 肖永英，潘妙辉. 美国公共图书馆社区信息服务的发展及其启示[DB/OL]. [2018-05-03]. http://www.chinalibs.net/ArticleInfo.aspx?id=129213.

一个越小的社区反而越可能带来更大、更集中、更持久的影响力①。

我国一些地区的公共图书馆在合作开展社区服务方面也做出了成功的实践探索。例如，深圳市罗湖区图书馆创新“悠·图书馆”的理念与创想，与上级主管部门、辖区社区或小区、学校、工业园区等展开灵活多样的合作，在以社区为中心的现代社区图书馆服务方面取得显著成效。罗湖区图书馆社区服务的合作模式主要包括：通过上级主管部门协调，将原来由街道或社区自主独立建设运营的图书馆（室）纳入罗湖区图书馆总分馆体系中，进行统一投入、改建及运营；与有意愿提供空间建设“悠·图书馆”的社区或小区签署协议，由社区或小区承担空间及相关物业费用，罗湖区图书馆投入空间装修、设施及馆藏费用，并纳入罗湖区图书馆总分馆体系；与辖区学校、工业园区等签署协议合作，由学校、工业园区等提供免费合作空间并承担空间装修费用，罗湖区图书馆提供馆藏资源及服务设施，并承担日常开放运营费用②。

第二节 管理机制

社区是公共图书馆延伸服务网络中的末梢。从我国的社区图书馆建设实践来看，往往存在管理不到位的问题，建而不管，或者管理不规范，由此导致社区图书馆门可罗雀，无法发挥应有的服务功能。要解决这些问题，就必须创新公共图书馆社区服务管理机制，建立适应社区新发展形势并可充分实现服务效益的公共文化服务管理模式。

一、管办分离的管理机制

目前，我国正在积极推进社区管理体制改革。改革开放后，随着计划经济向市场经济转变，我国此前的“单位制”社会逐渐解体，人们的“单位

① 谢小燕.美国图书馆之友研究[D].广州：中山大学，2010.

② 高小军.以社区为中心的现代社区图书馆服务模式研究——以深圳市罗湖区“悠·图书馆”为例[J].图书馆论坛，2017(3)：57－66.

人”身份也日益减弱，转而变为“社会人”，社区逐渐承接了“单位制”解体后剥离出的社会职能和公共职能，成为经济、行政和社会等体制改革的缓冲区或沉淀带，以及人们构建现代化生活方式的重要载体。社区管理体制改革就是顺应这一发展形势而开展的，目标是形成以社区党组织为核心，以社区自治组织为主体，以社区服务中心（站）为依托，以社区社会组织为补充，驻区单位密切配合，社区居民广泛参与的现代社区治理结构和议行分离的社区组织架构①。在此期间，我国社区公共服务管理体制改革也取得了较大进展，主要表现为实行政社分开、管办分离，转变政府职能，将服务的生产者和直接提供者角色分开，由政府包办一切的“一元制”管理体制转向“政府—社会—居民”的“三元互动”社区管理体制。公共服务供给实现多中心供给模式，政府主要承担组织安排角色，充分发挥民间组织在社区公共服务方面的积极作用，采用“政府主导、各方协作、市民参与、非政府机构管理”的服务管理运营模式②。

长期以来，除了政府包办外，我国公共图书馆事业的发展因行政区划而受限的问题也十分突出。我国现有管理体制框架为一级政府负责一个图书馆，国务院文化主管部门负责全国公共图书馆的管理工作，而省、市、县各级政府文化主管部门负责各自行政区域内公共图书馆的管理工作。这一管理体制固然有其存在的理由和价值，但却给公共图书馆事业发展造成了明显的行政藩篱。因分属不同管理机构，公共图书馆之间的资源共建共享难以顺畅实现，县级公共图书馆将服务向街道/乡镇、社区/村等基层延伸时，也往往要受到行政方面的限制。21 世纪后，我国开展的公共图书馆服务体系建设在管理体制创新方面表现显著，北京、上海、深圳、东莞、杭州、苏州、嘉兴等地的探索实践甚至形成了各具特色的地方“模式”，有力地突破了行政藩篱，在推动公共图书馆服务资源共建共享并向基层延伸方面提供了丰富的范例。

---

① 新华社. 城市社区管理体制改革的理论探讨和实践创新[EB/OL].[2018-05-03]. http://shfl.mca.gov.cn/article/gzdt/201207/20120700332854.shtml.

② 黄恒学，梁鸿飞，管仲军，等. 北京社区公共服务建设研究[M]. 北京：中国人民大学出版社，2016:12.

政府设立的各级公共图书馆是城乡公共文化服务的重要供给主体，对本地区的公共图书馆事业发展负有领导之责。我国现已确立通过县级图书馆总分馆制建设来实现公共图书馆资源向城乡基层延伸的发展方针，即各县应建立以县级公共图书馆为总馆，街道/乡镇综合文化站、社区/村图书馆（室）等为分馆或基层服务点的总分馆制，总馆负责加强对分馆和基层服务点的业务指导。就管理体制方面来说，总馆负责区域内各分馆和基层服务点的管理和规划，实行人财物统一管理，通过总馆的主导协调实现区域内公共图书馆资源的共建共享。也就是说，公共图书馆设立于社区的分馆和基层服务点在行政上可以隶属于不同管理机构，但在业务上应接受总馆的统一规划和协调，总馆无须包办分馆的全部事务，但总馆必须参与到分馆的建设和规划中，如为分馆制定建设标准、服务标准、运行制度、考核评价办法等。

二、多方参与的总分馆制建设

公共图书馆社区服务的社会化有利于满足广大群众的多元需求，提升服务效益，但其公益、开放、平等、普惠的特点又决定公共图书馆的社区服务不能完全市场化。在多元供给模式下，为保障服务的有序可持续开展，相应管理机制的确立就十分关键。尤其在总分馆制建设中，管理机制更是关键，决定着总分馆建设的效率和效益。建立多方参与、权责明确、密切协作的管理机制，是全覆盖的公共图书馆服务体系建设顺利走向成功的基石，社区服务作为区域公共图书馆服务体系建设中的重要内容，亦不例外。

我国社区一级（含村）的图书馆（室）建设近些年才逐渐受到重视，各地发展水平参差不齐，建设形式也较为多样。从建设主体来看，主要有以下几种形式：第一种是由县市级政府根据普遍均等的服务原则，进行规划布局，统一建设并维持运行的公益性图书馆（室）；第二种是由县市级政府以项目形式统一设置但由居（村）委会自主运行的图书馆（室）；第三种是自2004年开始，通过新闻出版总署和中央文明办等八家单位联合实施的农家书屋工程而建立的农家书屋，在广大农村实际承担着图书馆的部分功能；第四种是由居（村）委会或社会力量与现有公共图书馆联合建设的图书馆（室），通常作为现有公共图书馆的分馆或服务点；第五种是由居（村）委会或社会力量自主设置和运行的图书馆（室）[①]。随着基层图书馆总分馆制建设的推进，某一区域内这些不同形式的图书馆（室）必将纳入地区图书馆一体化服务体系。这有利于统筹整合此前分散的图书馆服务资源，实现区域内共建共享，避免资源重建和浪费，提高资源的有效利用率。通常表现为，同一地区的社区图书馆在政府主导规划下逐步统一发展步调，以县级图书馆或某一中心图书馆为总馆，接受总馆的业务辅导，实现文献、技术、人员等资源的全面共享或统一管理，按照相同的规则和标准，依托公共图书馆服务网络和统一的业务管理平台开展各项服务工作。各地区也可成立专门的社区图书馆行业协会或社区图书馆管理委员会，作为本地区社区图书馆建设工作的领导机构和协调机构，负责制定本地区社区图书馆的整体发展规划和相关业务工作规范标准，协调解决本地区社区图书馆建设和发展中出现的问题。

公共图书馆的社区服务要顺利进行自然离不开社区的支持。如前文所述，在我国，公共图书馆社区服务形式主要包括社区图书馆（室）等固定场所提供服务、流动服务、在线服务三种。不过，相对来说，后两者在管理上可以不需要社区的参与，更为简单易行，可由公共图书馆设专人、专部门全力负责，主导并组织开展相关服务和活动，因为牵涉面小，因此在与社区合作方面也更容易达成。如果是通过设立社区图书馆（室）来提供服务，一般社区将参与对社区图书馆（室）的管理，或者在公共图书馆的指导下直接负责管理日常工作，这就需要公共图书馆与社区达成长期稳固的合作，确立更为具体细致的制度和规范体系，双方可签订合作协议，明确合作中各利益相关方的管理范围、权限职责及相互关系。

在组织架构方面，作为总馆的公共图书馆应有专门人员或专门部门负责各分馆和基层服务点的业务辅导和协调协作。社区图书馆因规模大小不同，馆内岗位和工作人员数量不等，有的社区图书馆只需 1—2 人负责日常运作，而规模较大、人员较多的社区图书馆需要设置馆长一职，由馆长负责馆内管理工作以及和外界的协调联系。有条件的社区图书馆也可以参考理事会制度设立图书馆咨询委员会，吸纳社区不同人群的代表和热心人士

---

① 邱冠华，于良芝，许晓霞. 覆盖全社会的公共图书馆服务体系：模式、技术支撑与方案［M］. 北京：北京图书馆出版社，2008：52.

参与图书馆管理。在资源管理方面，总馆应在馆藏发展政策中体现各分馆和基层服务点资源建设的内容，负责统一采编加工，并组织安排好图书等资源的配送、轮换工作，制定相应制度。社区图书馆应根据总馆制定的相关规范制度做好日常管理，确保正常运行，包括到馆图书等文献资源的上架和日常管理保护工作，文献借阅、信息咨询、读者活动等服务数据的统计工作，还有消防安全、读者人身安全、资产安全、计算机及信息安全的相关管理工作。

第三节　运行机制

管理机制的确立为图书馆的规范有序运行奠定了基础和方向，而在具体运行中，图书馆的服务也应遵循一定机制，建立一定的规范。从国内外已有的丰富实践经验来看，在推进公共图书馆社区服务方面，总分馆制是一种颇为有效、运行得较好的模式。鉴于后文将详细探讨总分馆制建设，这里便不再赘述。虽然图书馆提供的知识服务、信息服务等公共文化服务是无形的，但图书馆服务却是实实在在体现在每一项工作中，属于实干型工作。贯彻在实务中的基本服务理念则是确保图书馆服务工作取得良好效益的关键，是公共图书馆社区服务运行机制的核心要素。一般认为，公益、平等、人本是一切公共图书馆服务都必须坚持的重要基本理念。

一、公益

公益指的是公共图书馆应实行免费开放，坚持免费向社会公众提供基本服务。公共图书馆是保障公民文化权利、促进社会信息公平的一项制度安排。自出现以来，公共图书馆就有着独特的使命，联合国教科文组织的《公共图书馆宣言》对此有明确展现。公共图书馆服务的核心与信息、扫盲、教育和文化密切相关，对人类社会的发展进步和实现公民精神幸福至关重要。在现代社会，全球各国都把建立公共图书馆列为国家和地方政府的责任，主要由国家和地方财政拨款支持公共图书馆的建设和正常运行，为公共图书馆的免费服务提供条件。2018 年 1 月 1 日开始实施的《中华人民共和国公共图书馆法》已明确要求县级以上政府应将公共图书馆建设纳入当地国民经济和社会发展规划，为政府设立的公共图书馆提供所需经费，并及时、足额拨付，同时对其他由社会力量设立的公共图书馆也应给予政策扶持。因而，在我国，公共图书馆向社会公众提供免费服务是有必要且有条件实现的。

根据《文化部 财政部关于推进全国美术馆、公共图书馆、文化馆（站）免费开放工作的意见》（文财务发〔2011〕5 号），我国各地目前已基本实现公共图书馆免费开放。免费开放范围包括公共图书馆的公共空间设施场地免费开放，文献借阅、咨询检索、公益性讲座展览、基层辅导、流动服务等基本文化服务项目免费提供，为保障基本职能实现的一些辅助性服务如办证、验证及存包等全部免费。公共图书馆为社会公众提供服务应以公益性为基本原则，公共图书馆服务以充分实现社会效益为目标，而不是追求经济效益。当然，这不是说公共图书馆提供的所有服务都必须免费，公共图书馆可以在一些非基本文化服务项目上实行有偿服务，但依然要坚持非营利性原则，在整体上确保公共图书馆服务的公益性。

二、平等

平等指的是公共图书馆面向社会全体提供服务，每一个人都有平等享受公共图书馆服务的权利。公共图书馆服务的公益性决定了平等服务，公共图书馆不得因年龄、种族、性别、宗教信仰、国籍、语言等原因拒绝向用户提供服务，公共图书馆的大门是向社会全体公民敞开的。为保障信息公平，公共图书馆还应向因故无法正常享有图书馆服务的用户提供特殊服务，应对弱势群体等特殊人群开展特别服务，如未成年人、老年人、残疾人、农民工、医院病人、监狱囚犯等。

公共图书馆平等服务的核心在于消除可妨碍人们利用图书馆、获取信息的门槛。公共图书馆服务可以将某一群体列为重点服务对象，但不可以任何理由设立门槛，拒绝向某人或某个群体提供图书馆服务，不能因用户的年龄、性别、财富、社会地位而歧视或无视用户。杭州图书馆允许流浪者进入馆内读书看报，就是这一平等理念的具体表现。此外，图书馆还应该致力于消除信息获取门槛，为推动人人平等享有图书馆服务而努力。对于残障人士，图书馆建立无障碍通道，提供专门的盲文文献和听书设备，在网站上提供大字体阅读服务或有声网页，也是平等理念的表现。公共图书馆社区服务践行平等理念，就是要实现公共图书馆的全覆盖，强调普遍均等的公共图书馆服务。具体措施还包括：合理规划布局社区图书馆（室）的位置，保障社区图书馆（室）开放时长，在无法设立固定设施的地方，以流动服务作为补充，还可利用互联网无处不达、无时不在的特点，大力推广数字图书馆服务。

三、人本

以人为本是现代公共图书馆服务理念的核心内容，要求公共图书馆一切工作都应围绕人展开，尤其是读者，因而，我国公共图书馆领域曾普遍提出了“服务至上，读者至上”“读者就是上帝”的口号。随后，人本理念不断发展，“人”的范围也从高度强调读者转变为关注“利益相关者”，即包括读者、馆员、政府、企业等与公共图书馆事业发展相关的各个群体。当然，从公共图书馆社区服务的角度来说，人本理念对运行机制确立的意义还在于公共图书馆应关注用户需求，以用户需求为导向提供相关服务。不仅仅是用户需要什么，图书馆就提供什么服务，还包括图书馆要挖掘并引导用户的需求发展，推广先进文化，促进文化消费。

社区是以家庭为基本单元的社群，一般情况下，中青年一半甚至大半的时间精力花费在职场，在单位的时间要多于在社区的时间，而老人、小孩则更多以家庭为生活中心，是社区活动中最常见的群体。这是确立公共图书馆社区服务运行机制的一个重要因素。简单来说，根据我国这一社区人口特点，未成年人、老年人应成为公共图书馆的重点服务对象，公共图书馆应针对这些人群的阅读习惯和阅读兴趣配置馆藏资源，开展相应服务。孩童时期是一个人养成阅读习惯、确立图书馆素养的最佳时期，而且好习惯养成后还可影响今后一生。全体未成年人都可以说是公共图书馆的潜在终身用户，对于图书馆事业的发展具有重要价值。公共图书馆可重点开展早期识字、亲子阅读等方面的服务，养成并强化儿童早期的阅读习惯。针对学龄少年儿童，公共图书馆可配合学校教育开展相关课外阅读辅导、家庭作业辅导等服务。公共图书馆还可以开展形式多样、内容丰富的活动，为未成年人群体提供接触各种文化展示的机会，设立少儿阅读体验中心或创客空间，激发少年儿童的想象力和创造力，等等。对于老年人群体，公共图书馆可提供免费讲座、培训、展览等服务，例如，开展扫盲活动提升老年人的读写识字水平，开展计算机基础培训帮助老年人学会使用电脑，开展健康养生讲座和各种兴趣班帮助老年人维护身心健康，丰富晚年生活。

第四节　保障机制

保障机制是为确保图书馆服务的正常运行而确立的，通常来说包括政策、经费、人员等方面。

一、政策保障

政策保障指的是国家通过制定和公共图书馆服务相关的一系列方针、法令、办法、条例、规划、标准等政策，对公共图书馆服务进行干预规范，为公共图书馆服务提供支持和保障。公共图书馆作为公共文化服务体系中的重要力量，其发展主要依赖政府的支持。因而，在各项保障措施中，政策保障对公共图书馆服务来说尤为重要。进入21世纪以来，我国的公共图书馆事业日益受到重视，党和政府出台了多个和公共图书馆事业发展相关的政策，尤其是图书馆立法工作，有了重大进展。2017年3月1日《中华人民共和国公共文化服务保障法》（简称《公共文化服务保障法》）正式施行，2017年11月4日《中华人民共和国公共图书馆法》（简称《公共图书馆法》）正式颁布，标志着我国公共图书馆工作已走上了法治化道路。《公共文化服务保障法》是我国文化领域第一部具有综合性、全局性、基础性的法律，《公共图书馆法》则是我国公共文化领域的第一部国家层面的专门法律，二者的颁布实施开启了我国公共图书馆服务由行政性维护到法律保障的历史性跨越。

新中国成立初期，受计划经济影响，公共图书馆事务由政府一方包办，公共图书馆的服务主要是向广大群众宣传相关国家政策，传播主流意识形态，但在形式多样的群众文化活动的背后，却是建设主体的单一，这也使得那一时期的公共图书馆服务社会的总体供给严重不足，人们可获得的公共文化服务资源较为贫匮，尤其是在农村和偏远地区。改革开放后，国家在文化事业发展方面的政策也逐渐放开，市场经济的影响力在文化领域也日益明显，包括公共图书馆在内的一些文化单位开展了“以文补文”“多业助文”的文化经营活动，用以弥补国拨经费的不足，通过从事有偿服务，所得利润用于改善职工生活以及进行扩大再生产。这一时期的文化单位体制改革在业内外一度引发广泛争议，争议的焦点在于有偿服务对公共文化服务公益性的消解和破坏。随后，在不断的摸索中，我国逐渐明确了将“文化事业”与“文化产业”分离的发展思路。2003 年 10 月，党的十六届三中全会审议通过了《中共中央关于完善社会主义市场经济体制若干问题的决定》，明确了公益性的文化事业与经营性的文化产业分途发展的方针。2005 年 12 月，《中共中央、国务院关于深化文化体制改革的若干意见》（中发〔2005〕14 号）提出，“发展公益性文化事业要以政府为主导，增加投入、转换机制、增强活力、改善服务，实现和保障广大人民群众的基本文化权益”，并明确指出，国家兴办的图书馆等为群众提供公共文化服务的机构，属于公益性文化事业单位①。2011 年 10 月 18 日通过的《中共中央关于深化文化体制改革推动社会主义文化大发展大繁荣若干重大问题的决定》（简称《决定》）指出，到 2020 年，文化事业要实现全面繁荣的奋斗目标，覆盖全社会的公共文化服务体系基本建立，努力实现基本公共文化服务均等化。《决定》还提出要完善政策保障机制，提高文化支出，扩大公共财政覆盖范围，保障公共文化服务体系建设和运行，并落实和完善文化经济政策，支持社会组织、机构、个人捐赠和兴办公益性文化事业，引导文化非营利机构提供公共文化产品和服务②。

在“十二五”期间，我国首次专门制定了全国公共图书馆事业发展规划，明确公共图书馆事业发展的总体思路、重点任务和保障措施。2017 年 7 月 7 日，文化部印发了《“十三五”时期全国公共图书馆事业发展规划》，将

① 中共中央，国务院. 中共中央、国务院关于深化文化体制改革的若干意见[DB/OL]. [2018-05-25]. http://www.chinalibs.net/ArticleInfo.aspx?id=438506.

② 中共中央. 中共中央关于深化文化体制改革推动社会主义文化大发展大繁荣若干重大问题的决定[DB/OL]. [2018-05-25]. http://www.chinalibs.net/ArticleInfo.aspx?id=438514.

基层和贫困地区的公共图书馆事业发展列入重点任务，提出“推进乡镇（街道）、村（社区）图书室建设”①，包括推动乡、村基层综合性文化服务中心建设，按照相关建设标准和要求设立图书室，配备相应的器材设备，完善管理制度。并明确指出，村级不具备单独设立图书室条件的，可开辟图书阅览区。

除了从宏观层面通过各项政策法令为公共图书馆服务发展确立方向，做好规划，我国还制定了相关标准规范，为公共图书馆服务提供具体的指导。2010 年 6 月，全国图书馆标准化技术委员会申请立项的国家质检总局公益性行业科研项目“我国乡镇、社区图书馆管理标准研究”启动，包括五个子项目：乡镇图书馆管理规范、乡镇图书馆服务规范、乡镇图书馆业务统计与评估指南、社区图书馆建设指南。其中，《乡镇图书馆统计指南》（WH/T 69—2014）由文化部于 2014 年 8 月 26 日发布，2014 年 11 月 1 日正式实施；《社区图书馆服务规范》（WH/T 73—2016）由文化部于 2016 年 3 月 11 日发布，2016 年 5 月 1 日起实施。这是我国第一部针对社区图书馆服务、管理制定的行业标准，内容涉及社区图书馆服务资源、服务提供、服务管理、社区参与和服务保障等方面，对改善社区图书馆服务条件、规范社区图书馆服务工作、提高社区图书馆服务效益具有重要积极意义。目前，我国和公共图书馆服务相关的标准规范还有《图书馆建筑设计规范》（JGJ 38—2015）、《公共图书馆建设用地指标》（建标〔2008〕74 号）、《公共图书馆建设标准》（建标 108—2008）、《公共图书馆服务规范》（GB/T 28220—2011）等。

此外，我国已有多个省市地区依据本地发展情况制定了公共图书馆服务的相关政策法规，这些政策法规为我国公共图书馆服务提供了系统的政策保障。事实上，在图书馆立法方面，部分地方政府早就走在了前面，如上海市人民政府在 1996 年 11 月 28 日就发布了《上海市公共图书馆管理办法》（简称《管理办法》），同时废止了 1987 年 9 月 26 日上海市人民政府批准的《上海市区县图书馆管理办法》。该《管理办法》于 1997 年 1 月 1 日起施行，随

---

① 文化部. 文化部关于印发《“十三五”时期全国公共图书馆事业发展规划》的通知[DB/OL]. [2018-05-29]. http://www.chinalibs.net/ArticleInfo.aspx?id=420757.

后在2002年、2004年、2010年还进行了多次修正①。而江苏省、浙江省、四川省、河南省、内蒙古自治区以及广州市、东莞市等地也都发布了地方性公共图书馆管理办法或公共图书馆条例。

二、经费保障

经费保障是当前我国公共图书馆社区服务所面临的一个重要现实问题。有调查显示，我国东部经济较为发达的沿海地区，如长三角、珠三角等地的社区图书馆中，有稳定的经费来源的占75%，而中西部地区拥有稳定年度经费的社区图书馆只占18%；不分地区从总体来看，我国拥有固定经费来源的社区图书馆仅为46%；农村的“农家书屋”等类似社区图书馆性质的机构，基本上都是一次性投入，没有后续资金支持②。

公共图书馆经费主要来自财政拨款，政策依据是公共图书馆经费的重要保障。近些年来，我国已发布了一系列与公共文化财政投入相关的政策，这些政策都对公共图书馆经费保障和增长机制做了相应的规定，尤其是2018年1月1日起施行的《公共图书馆法》更是对政府的经费保障责任做出了原则性规定。这些法规的出台为公共图书馆开展社区服务的经费保障提供了法律支撑，相关政策在图书馆经费保障方面的规定主要体现在以下三个方面：

一是明确了经费的提供主体。在国家层面，《公共文化服务保障法》第四十五条规定，“国务院和地方各级人民政府应当根据公共文化服务的事权和支出责任，将公共文化服务经费纳入本级预算，安排公共文化服务所需资金”。《公共图书馆法》第四条明确规定，“县级以上人民政府应当将公共图书馆建设纳入城乡规划和土地利用总体规划，加大对政府设立的公共图书馆的投入，将所需经费列入本级政府预算，并及时、足额拨付”。在地方层面，2013年颁布实施的《四川省公共图书馆条例》第四条规定，“县级以上地方人民政府应当按国家规定将公共图书馆事业纳入国民经济和社会

① 上海市人民政府. 上海市公共图书馆管理办法[EB/OL]. [2018-05-29]. http://www.shanghai.gov.cn/nw2/nw2314/nw2319/nw2407/nw26170/u26aw27319.html.

② 王林，师丽梅，肖焕忠，等. 以新服务涵养图书馆的未来——《社区图书馆服务规范》解读[DB/OL]. [2018-05-29]. http://www.chinalibs.net/ArticleInfo.aspx?id=435425.

发展总体规划，逐步加大对公共图书馆建设的投入。公共图书馆经费应当给予保障，专款专用。财政、审计部门对公共图书馆经费的管理和使用的情况应当加强监督检查”。2015 年实施的《广州市公共图书馆条例》第五条规定，“市、区人民政府应当将公共图书馆事业纳入国民经济和社会发展规划和年度计划、所需经费列入本级财政预算，使财政投入与经济社会发展和公共图书馆的服务人口、服务范围、服务需求、服务功能等相适应。公共图书馆经费包括设施、设备、人员、文献信息资源、图书馆运行与维护等方面的费用”。

二是鼓励和扶持社会力量参与公共图书馆服务，拓宽公共图书馆的资金来源渠道。2012 年，文化部发布《关于鼓励和引导民间资本进入文化领域的实施意见》，提出鼓励民间资本捐建或捐资助建博物馆、图书馆、文化馆、美术馆等公共文化基础设施。《公共文化服务保障法》规定，国家鼓励社会资本依法投入公共文化服务，采取政府购买服务等措施，支持公民、法人和其他组织参与提供公共文化服务。公民、法人和其他组织通过公益性社会团体或者县级以上人民政府及其部门，捐赠财产用于公共文化服务的，依法享受税收优惠。国家鼓励通过捐赠等方式设立公共文化服务基金，专门用于公共文化服务。《公共图书馆法》则明确规定“国家鼓励公民、法人和其他组织自筹资金设立公共图书馆。县级以上人民政府应当积极调动社会力量参与公共图书馆建设，并按照国家有关规定给予政策扶持”。也就是说，在保障政府承担设置公共图书馆责任的同时，不限定设置主体，鼓励公民、法人和其他组织自筹资金设置公共图书馆，国家给予政策扶持，体现了政府、市场、社会共同促进公共图书馆事业发展的新思路，使图书馆的经费来源更加多元化，从多种渠道保障公共图书馆发展所需经费①。在地方法规方面，早在 1997 年施行的《深圳经济特区公共图书馆条例（试行）》就规定“各级人民政府鼓励社会团体、企业、事业单位和个人兴办向公众开放的图书馆并参加市公共图书馆网络”。此后陆续颁布的《四川省公共图书馆条例》《广州市公共图书馆条例》也规定鼓励社会组织及个人以捐赠方式或其他方式支持公共

① 李国新.《中华人民共和国公共图书馆法》的历史贡献[DB/OL].[2018 - 07 - 03]. http://www.chinalibs.net/ArticleInfo.aspx?id=433875.

图书馆建设。

三是对革命老区、民族地区、边疆地区、贫困地区等经济欠发达地区的援助和扶持。《公共文化服务保障法》规定，国务院和省、自治区、直辖市人民政府应当增加投入，通过转移支付等方式，重点扶助革命老区、民族地区、边疆地区、贫困地区开展公共文化服务。国家鼓励和支持经济发达地区对革命老区、民族地区、边疆地区、贫困地区的公共文化服务提供援助。《公共图书馆法》第七条规定，国家扶持革命老区、民族地区、边疆地区和贫困地区公共图书馆事业的发展。此外，2013 年，财政部印发《中央补助地方农村文化建设专项资金管理暂行办法》，提出专项资金的支出范围包括全国文化信息资源共享工程村级基层服务点运行维护和开展宣传培训等支出和农家书屋出版物补充及更新支出①。2015 年底，文化部等 7 部委联合印发了《“十三五”时期贫困地区公共文化服务体系建设规划纲要》，其中对贫困地区公共文化建设的财政资金保障进行了部署，要求“地方各级政府将落实基本公共文化服务标准所需资金纳入预算管理”。在地方层面，《四川省公共图书馆条例》和《湖北省公共图书馆条例》明确提出要对贫困地区公共图书馆事业进行重点扶持。

目前，我国社区图书馆的经费主要来自区县级人民政府和专项资金。从上述的法律法规中可以看到，除《中央补助地方农村文化建设专项资金管理暂行办法》中有关于全国文化信息资源共享工程村级基层服务点和农家书屋的相关规定外，其他法规均没有针对社区（农村）图书馆经费保障的规定。虽然 2016 年文化部发布的《社区图书馆服务规范》（WH/T 73—2016）规定“社区图书馆的日常运营经费应列入区（县）政府财政预算”，但该标准仅为推荐性标准，缺乏强制力和执行力。此外，社区图书馆所属的区县级及以上公共图书馆经费的充足有助于将社区图书馆纳入其总分馆服务体系，从而使社区图书馆获得部分支持，如文献资源、管理、人员培训等。有研究表明，地方性图书馆法规对所在省市公共图书馆支出费用的提升有显著促进作用。

---

① 财政部. 财政部关于印发《中央补助地方农村文化建设专项资金管理暂行办法》的通知[EB/OL]. [2018 - 07 - 03]. http://www.gov.cn/gongbao/content/2013/content_2449484.htm.

而目前我国仅有6个地区出台并实施地方图书馆条例，包括深圳（1997）、内蒙古（2001）、湖北（2001）、北京（2002）、四川（2013）和广州（2015）。2018年《中华人民共和国宪法修正案》增加设区的市制定地方性法规的条款①。因此，各地可以在《公共图书馆法》的总体法律框架下，尽快出台适宜地方发展的图书馆条例或实施细则，同时应出台有关社区（农村）图书馆经费的相关规定，为社区图书馆发展所需经费提供法律保障。

此外，民营公助、市场补充也是社区图书馆获得经费保障的一个有效途径，因此要善于利用国家鼓励和扶持社会力量参与公共图书馆服务的相关政策法规，为社区图书馆拓展更多的资金来源渠道。

三、人员保障

人员保障主要包括两个方面，一是人员数量，二是人员素质，涉及人员编制、职业资格准入、人员结构和馆员继续教育等4个问题②。

关于人员的数量。我国公共图书馆普遍存在人员编制不足的情况，缺乏编制标准是造成这一现象的重要原因。目前，国际上通行以服务人口数量作为公共图书馆人员定编的主要标准。例如，国际图联和联合国教科文组织于2001年联合发布的《公共图书馆服务与发展指南》中建议，公共图书馆应按每2500名服务人口配备1名全职图书馆员的比例确定人员编制。在我国，公共图书馆的定编标准主要有两项：①文化部于1982年12月1日颁布的《省（自治区、市）图书馆工作条例》，仅对省级公共图书馆的人员编制标准做出了具体规定："以五十万册图书、七十名工作人员为基数，每增加一万至一万三千册图书，增编一人。民族地区图书馆每增加八千至一万册民族文字图书，增编一人。"此后相继出台的一些地方性法规也有类似的规定，如《广州市公共图书馆条例》规定"市、区人民政府应当按照服务的常住人口每一万人至一万五千人配备一名工作人员的标准，结合服务时间、馆舍规模、馆

---

① 周娜. 地方性专门法规与公共图书馆经费保障——基于合成控制法的分析[DB/OL]. [2018－07－03]. http://kns.cnki.net/kcms/detail/44.1306.G2.20180513.2104.012.html.

② 肖维平，冯守仁，董海，等. 公共图书馆工作人员保障机制研究[J]. 中国图书馆学报，2010(4):10－16.

藏资源数量、用户服务量等因素合理配备相应数量的公共图书馆工作人员”。②2012 年 5 月 1 日起施行的《公共图书馆服务规范》（GB/T 28220—2011）建议：“公共图书馆工作人员数量的确定，应以所在区域服务人口数为依据。每服务人口 10 000 人—25 000 人应配备 1 名工作人员。各级公共图书馆所需的人员数量的配备，还应兼顾服务时间、馆舍规模、馆藏资源数量、年度读者服务量等因素。”但该规范仅为推荐性标准，缺乏强制力和执行力，未提出公共图书馆最低编制基准，亦未设定适用于不同图书馆服务水准的定编等级标准，因而目前各级公共图书馆在实际应用中均存在不同程度的偏差，并未严格按这一标准执行。

近十余年来，我国公共图书馆服务功能从以借阅为主向更广泛的社会功能拓展，对人员数量有了新的需求，但由于缺乏编制增加的确切依据和标准，一定程度上造成了图书馆编制普遍不足的现象。一些图书馆通过聘用部分编外人员弥补人员数量的不足，但由于编外人员与编制内馆员工资福利存在很大差距，造成编外人员工作积极性不高，缺乏职业规划，从而直接影响了图书馆整个人才队伍的可持续发展。编制的不足使得最基层的图书馆社区服务处于人员无编制状态，很多社区图书馆管理人员为社区居委会或社区工作站人员兼职，农村图书室管理人员则多为乡、村干部兼职，业务能力和服务水平可想而知。

近些年，为解决馆员数量不足的问题，文化志愿者被广泛引入公共图书馆。2016 年 1 月 11 日，文化部发布《社区图书馆服务规范》（WH/T 73—2016），并于 2016 年 5 月 1 日开始实施。该规范提出对于社区图书馆至少配备专职工作人员 1 名，工作人员可采取不同的用工方式保障其待遇，以保持队伍的稳定性；同时引入志愿者服务机制，建立以专职工作人员为主、以兼职工作人员和志愿者为辅的相对稳定、具有一定专业素质的社区图书馆人员队伍。虽然该规范也为推荐性标准，缺乏强制力和执行力，但在志愿者服务已引入大多数公共图书馆的现阶段，此规范的出台无疑具有重要指导和规范意义。2016 年 7 月，为推动文化志愿服务常态化、规范化、制度化，文化部印发的《文化志愿服务管理办法》规定，文化志愿服务的范围包括在公共图书馆等公共文化设施和场所开展公益性文化服务、参与基层文化设施的管理和群众文化活动的组织等工作[①]。2016 年 12 月 25 日通过的《公共文化服务保障法》第五十二条规定：国家鼓励和支持文化专业人员、高校毕业生和志愿者到基层从事公共文化服务工作。2016 年 12 月，中宣部、中央文明办、教育部、民政部、文化部、国家文物局和中国科协印发《关于公共文化设施开展学雷锋志愿服务的实施意见》，明确到 2020 年，基本建成公共文化设施志愿服务组织体系、志愿服务项目体系和志愿服务管理制度体系，并将国家图书馆、上海图书馆、重庆图书馆定为首批示范单位[②]。2018 年 1 月 1 日实施的《公共图书馆法》也明确规定："国家鼓励公民参与公共图书馆志愿服务。县级以上人民政府文化主管部门应当对公共图书馆志愿服务给予必要的指导和支持。"在实践中，志愿者在图书馆基层服务中发挥了重要作用。以上海嘉定区图书馆为例，2017 年度，文化志愿者共计服务 4265 人次，平均每天 12 人次，服务内容包括图书馆内部管理、"百姓书社"送书、窗口文明引导、为小学生服务的"文教结合"协助、少儿阅读推广活动等[③]。

关于人员的质量。人员的质量问题包括两个方面，一是人员素质，二是人员结构。在提高人员质量方面，我国近几年出台的一些公共文化和图书馆方面的法律法规做了相应的规定。如《公共文化服务保障法》第五十四条规定"国家支持公共文化服务理论研究，加强多层次专业人才教育和培训"。《公共图书馆法》第十条规定，"政府设立的公共图书馆馆长应当具备相应的文化水平、专业知识和组织管理能力""公共图书馆工作人员应当具备相应的专业知识与技能，其中专业技术人员可以按照国家有关规定评定专业技术职称"。《公共图书馆规范》对人员要求做了较为详细的规定：要求公共图书馆工作人员应受过专业训练，其中专业技术人员要求具

---

① 文化部. 文化部关于印发《文化志愿服务管理办法》的通知[EB/OL]. [2018－02－25]. http://www.gov.cn/gongbao/content/2017/content_5189209.htm.

② 中宣部,中央文明办,教育部,等. 关于公共文化设施开展学雷锋志愿服务的实施意见[EB/OL]. [2018－02－25]. http://www.wenming.cn/zyfw/jj/201612/t20161204_3923068.shtml.

③ 上海市嘉定区文化广播影视管理局. 上海市嘉定区图书馆召开 2017 年度志愿者表彰大会(图)[DB/OL]. [2018－07－04]. http://www.chinalibs.net/ArticleInfo.aspx?id=441833.

有助理馆员等各类初级及以上专业技术职务任职资格或具有图书馆学专业（或图书情报专业）专科或以上学历；同时规定非图书馆学专业（或图书情报专业）专科或以上学历，须经过省级及以上学会（协会）、图书馆、大学院系举办的图书馆学专业（或图书情报专业）课程培训，培训课时不少于320学时并成绩合格。《社区图书馆服务规范》（WH/T 73—2016）则要求“社区图书馆工作人员应具有大专及以上学历，受过基本的图书馆专业技能培训，能够熟练操作和使用计算机及相关设备，并具备良好的职业道德。每年参加继续教育学习应不少于5天”。一些地方性法规也有类似的规定，如《北京市图书馆条例》规定“图书馆的业务人员应当具备相应的专业知识和技能，经考核合格方可上岗。图书馆应当根据图书馆事业发展和自身业务要求，定期对业务人员进行培训”。上述的法规和规范不仅强调了馆员（包括馆长）应具备的知识与技能，同时也强调馆员应接受继续教育来不断提高业务素质。

然而，长久以来，我国公共图书馆从业人员的职业素养参差不齐，尤其是基层图书馆的工作人员，一些人在进入图书馆工作之前对图书馆一无所知或仅仅认为图书馆是个借还书的地方，有的也仅是接受借还书业务的简单培训后上岗。针对这种情况，公共图书馆界提出建立馆员职业资格准入制度，以从源头上保证图书馆工作人员质量。国外发达国家的图书馆职业准入制度已有近百年的历史，许多国家的图书馆法规定：图书馆从业人员必须首先经过培训，获得图书馆职业资格证书后，才可以到图书馆谋求职位①。我国的国家图书馆也于2004年启动“我国图书馆员职业资格认证制度的建立和实施”的国家社会科学基金项目的研究。2004年7月27日，国家劳动和社会保障部与文化部联合颁布了《图书资料馆员》《古籍馆员》《文献修复师》三个国家职业标准并开始试行，但由于与图书馆现行的图书资料专业技术职务制度相矛盾而未能真正贯彻实行②。

---

① 范开宏，丁建红. 国外图书馆职业准入制度对我国的启示[J]. 新世纪图书馆，2007(1)：86-88.

② 肖维平. 公共图书馆工作人员保障机制研究[DB/OL]. [2018-07-05]. http://www.chinalibs.net/ArticleInfo.aspx?id=256501.

2014 年以来，为激发人才活力，国务院先后分七批取消了 434 项职业资格许可和认定事项，目的是通过构建劳动者终身职业培训制度，进一步加强职业培训，提高培训的针对性和有效性，以及通过推进人才评价体制机制改革即人才的分类评价和职称制度改革，对专业技术人员评价方面进行调整，从而达到激发人才队伍活力的目的。这一改革举措与新颁布的《公共图书馆法》相配合，为公共图书馆在信息技术飞速发展、用户需求瞬息万变的环境下提高人才质量指明了方向，依据《公共图书馆法》《公共图书馆服务规范》以及《社区图书馆服务规范》的相关规定，建立和健全工作人员业务培训和继续教育制度，充分发挥图书馆协会、联盟以及中心馆、总馆的作用，按照业务发展需要，为基层图书馆员、志愿者和兼职人员提供有针对性和持续性的职业技能和职业素养培训，是提高基层图书馆工作人员质量的重要且有效的手段。在实践中，我国市、县和区图书馆对社区图书馆、农家书屋（图书室）管理人员的培训早已开展，但往往采取的是集中培训的方式，持续性较差，并且在出现人员流动时，不能及时对单个馆员或某一个服务网点进行小范围的针对性培训；此外，培训内容单调，多侧重于图书借还，有关图书馆社会功能拓展（如文化活动开展）方面的培训较少，而图书馆社区服务仅有图书借阅服务是远远不够的。因此，针对性、持续性、小范围以及增加有关图书馆社会功能拓展的培训内容是目前社区服务人员培训应该强化的几个方面。

图书馆的工作人员结构比例主要涉及各类人员（管理人员、业务人员、工勤人员）结构比例、学识水平（学历）结构比例和专业技能（专业技术职称）结构比例①。目前，关于图书馆工作人员结构比例的法规较少。文化部于 1982 年 12 月 1 日颁布的《省（自治区、市）图书馆工作条例》规定，“省馆行政人员一般不得超过总编制额的百分之十七”“专业技术干部必须具备中专以上文化水平，大专以上文化程度的人员应逐步达到占全馆人数的百分之四十以上”。《公共图书馆服务规范》建议“具有相关学科背景的专业技术人员应占工作人员的 75% 以上”。《社区图书馆服务规范》（WH/T 73—

① 肖维平. 公共图书馆工作人员保障机制研究[DB/OL]. [2018 - 07 - 05]. http://www.chinalibs.net/ArticleInfo.aspx?id=256501.

2016）则要求社区图书馆至少配备专职工作人员1名。此外，在我国每4年进行一次的公共图书馆评估定级中，学历结构和职称结构比例也被列为评估指标之一。在已有的6个地方性法规中，仅有《内蒙古自治区公共图书馆管理条例》规定“盟市以上公共图书馆工作人员中，大专以上文化程度的应当不低于60%，旗县级公共图书馆工作人员中，大专以上文化程度的应当不低于40%”。在实践中，基层图书馆员的薪资待遇、职业发展等不尽如人意，有些甚至没有工资，因此，基层图书馆难以吸引专业人才长期工作，这是造成基层馆员队伍人才结构失衡，稳定性差的重要原因。因此，在现有的法规框架内，尽快创新选人用人和考核评价机制，提高对基层图书馆用人的经费支持，才能建设一支稳定的、高素质的基层管理人员队伍。

第五节　评价机制

根据国际标准化组织颁布的图书馆绩效评估标准ISO 11620：1998的定义，图书馆绩效评估是“对图书馆服务或设备的效能、效率和利用及适应程度的测评程序”。图书馆绩效评估作为图书馆管理的重要组成部分，有助于认清图书馆的目标和发展方向，从而改进图书馆工作，提高服务质量；有助于提高办馆效率，以最小的成本消耗获取最大的服务效果；有助于增强各级政府和相关部门对图书馆的重视，获得更多政策和资金支持，从而改善办馆条件；有助于为相关政府部门提供决策依据，促进图书馆事业健康发展。

一、评估现状

一是全国统一实施的评估。1994年，我国首次在除西藏以外的全国30个省、自治区、直辖市开展县级以上公共图书馆评估定级工作，此后每四年开展一次，截至2018年共计开展六次。整体来看，我国公共图书馆服务绩效评价用“以评促建”的思路推动着公共图书馆事业的进步，已由注重经济与效率、追求投入产出比的最大化向注重综合考虑效益、服务质量和公民导向方面发展①，顺应了时代发展对公共文化服务的需求。

虽然历次的评估只针对县级以上公共图书馆，并没有对乡镇和社区图书馆进行评估，但在市县级图书馆的评估指标中，也有涉及对社区和乡镇图书馆的考查，因而对这一级图书馆的发展也起到了一定的促进作用。以2017年第六次全国县级以上公共图书馆评估定级为例，在市县级公共图书馆的业务建设部分，均有“总分馆服务效能”一级指标，下设“总分馆服务效能”和“公共图书馆服务网点”两个二级指标，主要考查分馆运行是否正常，分馆发挥的作用以及读者利用情况，同时考查在总分馆基础上进行的各种延伸服务和服务网点建设情况。从21世纪初开始，公共图书馆总分馆制逐步在我国各地施行，其中在市县级公共图书馆的总分馆体系中，乡镇和街道（社区）图书馆多为分馆，村、企业、学校等的图书室或文化馆（站）为基层服务点。例如，嘉兴市图书馆总分馆体系即是以市图书馆为中心馆、市（县）图书馆为总馆、乡镇和村（社区）图书馆为分馆、以延伸服务和流动服务为补充的“中心馆—总分馆”服务体系②；杭州市桐庐县则实行以县图书馆为总馆、乡镇图书馆为分馆的县级图书馆总分馆制③。这些分馆以及基层服务点是为社区提供图书馆服务的主要力量，在评估标准中对总分馆服务效能的考查也对社区图书馆的建设和服务提升起到了很大的促进作用。

2013年4月，文化部办公厅下发了《关于开展第一次全国乡镇综合文化站评估定级工作的通知》，并同期发布了《全国乡镇综合文化站评估定级标准指导纲要》，启动了全国乡镇综合文化站评估定级工作。此次评估定级工作按照“统一要求、分省实施”的原则，由地（市）文化局具体组织实施申报和检查工作，评估定级结果报省级文化厅（局）审核、批准并向

① 柯平，胡银霞.创新与导向：第六次全国公共图书馆评估新指标[DB/OL].[2018-07-25].http://www.chinalibs.net/ArticleInfo.aspx?id=419572.

② 陈云飞.着力构建文化馆图书馆总分馆制的“嘉兴模式”——嘉兴市推进文化馆、图书馆总分馆制建设情况介绍[DB/OL].[2018-07-25].http://www.chinalibs.net/ArticleInfo.aspx?id=430399.

③ 叶爱芳.桐庐县图书馆建立总分馆制的实践与思考[J].图书馆学研究，2011(4):16-18.

社会公布①。目前，各地乡镇综合文化站评估定级工作任务已全部完成。

二是各地自行组织实施的社区图书馆评估。受文化部实施的全国县以上公共图书馆评估定级工作的影响，我国部分地区先行开展了乡镇（街道）图书馆的评估活动，如江苏省无锡、苏州、常州等市于1994年即在辖区范围内组织开展了乡镇（街道）图书馆等级评定工作；上海市、大连市分别于1996年开展乡镇（街道）图书馆评估工作，截至目前上海市已先后组织开展了6次；此外，广西、广东深圳分别于1997年和1998年启动社区图书馆评估定级工作。

21世纪初，我国东部一些发达地区如北京、上海、深圳等的公共图书馆开始尝试建设总分馆制，乡镇、街道（社区）图书馆被纳入总分馆体系，按照总分馆体系的标准实行统一管理和考评，有效地促进了乡镇、街道（社区）图书馆的建设和发展②。2016年12月，文化部等五部委联合印发《关于推进县级文化馆图书馆总分馆制建设的指导意见》的通知，要求地方各级人民政府要把县级文化馆、图书馆总分馆制建设情况纳入公共文化服务考核指标。县级文化行政部门负责对本县总分馆制建设和运行情况进行日常评估和考核，并积极推动考核结果与相关单位预算安排、收入分配和负责人奖惩挂钩。有条件的地方可引入第三方对总分馆服务效能开展公众满意度测评。目前，公共图书馆总分馆制建设已在全国各地展开，越来越多的乡镇、街道（社区）图书馆被纳入总分馆服务保障体系，按照所属体系的标准进行建设和管理，并建立考核评估制度，接受政府、社会和群众的监督。

二、评估主体

我国的公共图书馆是由中央或地方政府管理、资助和支持的公共文化机构，在2017年以前，无论是国家层面还是各地自行开展的评估，公共图书馆评估实际上是政府主导的内部评估，主要是上级部门对下级单位的考核，包

① 文化部. 文化部启动第一次全国乡镇综合文化站评估定级工作[EB/OL]. [2018-07-26]. http://www.mct.gov.cn/whzx/bnsj/zcfgs_bnsj/201304/t20130424_821729.htm.

② 万行明. 我国乡镇(街道)图书馆评估工作现状及标准化建设研究[J]. 图书馆工作与研究,2014(12):4-8.

括上级评估和自我评估。历次的全国县级以上公共图书馆评估定级的主体主要是各级政府和文化主管部门，而在地方层面，以上海市为例，已开展的6次街道（镇）图书馆评估考核工作，都是由当地文化主管部门、市图书馆行业协会组织专家评估图书馆，缺少社会公众和广大读者的参与①。政府主导的公共图书馆评估定级，由于了解运行机制，因而可以简化评估程序、节约评估成本，同时由于政府的参与，使得信息更易获取，有利于推动评估顺利进行。但不可否认的是，这种评估事实上是将评估对象自身作为评估主体，评估主体单一化，缺乏独立性。上级对下级进行评估，极易造成各级政府部门唯上是从，对下则放松管理，这会使评估结果的有效性和可信度大大降低。不仅仅是在公共图书馆领域，在整个政府绩效评估中也存在同样的问题。为了克服这一弊端，国外从20世纪90年代开始，将第三方评估机制引入政府绩效评估，评估主体的多元化逐渐成为现代政府绩效评估的发展趋势。第三方评估以其特有的独立性、专业性、权威性，为评估结果的客观性和公正性提供了保证，有助于提高政府绩效评估的透明度，促使政府从管制型向服务型和责任型转变。21世纪初，英美等发达国家开始在公共图书馆领域引入第三方评估。

公共图书馆第三方评估是指由独立于政府行政主管部门和公共图书馆及其利益相关方之外的，且与它们没有直接利益关系的社会组织、研究机构、学术团体、专业性评估机构、中介机构或个人组织，依据适用原则和标准，按照专门规范和程序，应用科学、可行的方法对公共图书馆整体或某一方面业务的效果进行专业化评判的过程②。2017年第六次全国县级以上公共图书馆评估定级首次采用多元化评估主体的方式，参与评估的主体主要包括政府、学会、各级公共图书馆、评估专家、第三方评价机构、社会公众等，并且每个参与评估的主体在评估中都有独特的作用，分别从不同角度对公共图书馆进行评价③。其中，中国图书馆学会作为行业协会在文化部领导下负责本次

---

① 刘瑾. 基于第六次上海市社区图书馆评估后的认识与思考——以长宁区街道(镇)图书馆为例[J]. 图书馆学研究,2017(15):8－11.

② 王学贤,杨曰建. 公共图书馆第三方评估机制研究[J]. 图书馆,2014(4):45－47.

③ 柯平,刘旭青,邹金汇. 以评促建、以评促管、以评促用——第六次全国公共图书馆评估定级回顾与思考[J]. 图书与情报,2018(1):37－48.

评估的开展和实施。文化部公共文化司和中国图书馆学会的相关负责人、部分具有较高学术水平和工作经验的省（区、市）文化厅（局）主管厅（局）长、社文处长以及各级图书馆馆长、专家学者和部分社会力量代表组成评估专家组，负责对副省级以上公共图书馆展开评估，并在每个省份视情况抽查1个地市级和2个县级公共图书馆的评估情况；各省（区、市）文化厅（局）、新疆生产建设兵团文化广播电视局负责本辖区内评估定级工作，组建评估工作小组，对地市级、县级公共图书馆进行评估。通过网络开展读者满意率调查，读者满意率达到95%以上可获得加分。采用第三方评价机制，评价良好或优秀的图书馆都将获得加分。虽然此次评估将图书馆是否采用第三方评价机制只作为加分项目，第三方评估主体并没有发挥主要作用，但这是我国公共图书馆评估主体向多元化发展的首次尝试，也为未来各级公共图书馆的评估指明了发展方向。

三、评估标准

评估标准是公共图书馆评估活动的基础和核心，是在一定时期政府和社会公众对图书馆价值认识的反映，表明了这一时期图书馆发展的重心，具有引导和促进图书馆建设和服务发展的重要作用，目标是使图书馆各个方面均能达到比较合理的水平，能够与现有图书馆标准相衔接，同时保证其发展方向与国家现行公共文化服务大政方针保持一致。评估标准的制定，既要考虑城镇社区建设和经济发展水平的不平衡，还要考虑中西部地区与发达地区经济发展的差异，同时还要随着图书馆所处的社会环境和信息环境的变化适时进行调整。我国至今尚未开展针对社区图书馆的全国性评估，在2013年开展的第一次全国乡镇综合文化站评估定级工作中，评估指标多为对文化站功能及服务的考察，虽然也涉及了图书馆，但指标不够全面，并不是完整意义上的社区图书馆评估。因此到目前为止，我国还没有一个成熟的社区图书馆评估标准，但历年县级以上公共图书馆评估定级和各地自行实施的社区（乡镇）图书馆评估，为进一步开展基层图书馆评估奠定了良好的基础。

1. 我国县级以上公共图书馆评估定级指标体系

从1994年起开展的我国县级以上公共图书馆评估定级活动，截至2018

年已举办了六次，本着以评促建的思路，极大地推动了我国公共图书馆事业的发展。前五次评估指标体系主要依据图书馆要素与业务流程的构建，整个指标体系在继承中发展，一定程度上反映了不同时期公共图书馆的工作重点。例如，依据当时文化共享工程建设的外部大环境，第四次评估在原有体系框架中单独增加了文化共享工程建设一级指标，以突出政策发展重点；在第五次评估中又增加了更多有关数字资源和社会教育的指标。总体来看，前五次评估标准注重图书馆的经济与效率、追求投入产出比，是以建设为导向的评估，图书馆服务的价值没有得到充分体现。有统计显示，在前五次评估标准中，服务所占比重最高为28%（第三次评估），到第五次评估时服务比重反而降低为22%①。2017年开展的第六次评估标准的设计开始注重综合效益、服务质量和公民导向三个方面，由以建设性为中心的评估转向以效能为中心的评估，服务效能比重加大，目的是引导图书馆充分发挥设施设备和资源的效用②。由建设性为主转向以效能为主的评估，表明我国公共图书馆在设施设备和资源等基本条件的建设方面已相对完善，服务效能的提高成为当前公共图书馆发展的主要任务。这同时也说明，评估标准的设计应与时俱进，要能反映出图书馆的发展走向和趋势，适应新的社会环境和信息环境的变化，才能促进图书馆发展。

如上所述，在实践中我们不难发现，社区图书馆评估标准具有本地化和动态化两个特征，本地化即评估标准要与当地图书馆发展实际水平相符，既不能太高打击各馆积极性，也不能太低起不到促进图书馆发展的作用；动态化即评估标准要随着社会环境和信息环境的变化进行适时的修正，才能真正发挥评估活动对图书馆事业发展的促进作用。因此，社区图书馆评估究竟是以建设性为主还是以服务效能为主，不能一概而论，而要根据当地经济、社会发展，尤其是社区图书馆发展的实际情况决定。

---

① 邹金汇，柯平. 公共图书馆评估指标体系创新探讨[DB/OL]. [2018-07-30]. http://www.chinalibs.net/ArticleInfo.aspx?id=416131.

② 柯平，胡银霞. 创新与导向：第六次全国公共图书馆评估新指标[DB/OL]. [2018-07-30]. http://www.chinalibs.net/ArticleInfo.aspx?id=419572.

2. 部分地区实施的社区（乡镇）图书馆评估定级指标体系

如前所述，20 世纪 90 年代，我国部分地区即在辖区范围内组织开展了乡镇（街道）图书馆等级评定工作，这些地区的乡镇（街道）图书馆建设起步较早，并已初具规模，评估定级的目的就是为了加强基础设施建设，提高管理和服务水平。以下是其中几个较为典型的案例：

无锡市于 1996 年和 1998 年分别对建设较早的乡镇图书馆进行评估，2005 年将评估定级范围扩大到了街道图书馆，并在评估标准的修订上把握三个原则：一是导向性，重点对办馆条件、业务档案、读者服务和内部管理等方面进行评估；二是灵活性，对原标准中难以达标的指标进行调整，对于超出标准的项目，采取加分的办法予以鼓励；三是实用性，标准力求简明扼要，便于操作。评估定级工作使全市基层图书馆各方面均得到了不同程度的发展与提高，并逐步走向平稳发展的轨道①。

深圳市自 1998 年开始对区级以下新建的镇（街道）和村（社区）图书馆进行评估。评估标准主要包括办馆条件、基础业务建设、读者服务工作以及业务规范管理、读者活动等几个方面。2002 年之前，评估主要是促进区、镇（街道）、村（社区）等基层行政主体建立本级公共图书馆（室）；2003 年后，配合深圳市开展“图书馆之城”建设，评估除了要促进图书馆数量增长外，还对办馆模式、馆舍规划、服务范围以及长效机制等方面提出了新的要求。评估标准在使用过程中及时依据实际情况进行了调整，经历了从《深圳市街道图书馆定级评估标准》与《深圳市社区（村）图书馆达标评估标准》到《深圳市基层图书馆（室）达标定级评估标准》两个主要阶段。前者是为适应当时深圳特区内外两种行政架构而形成的相应的基层图书馆建设机制，后者则是为适应国家《公共图书馆建设标准》（建标 108—2008）以及深圳特区内外一体化建设与均衡发展的思路而编定②。

上海市于 1997 年制定《上海市街道（乡镇）图书馆评估考核标准》，至

① 浦昭. 无锡市乡镇、街道图书馆评估定级工作报告——兼谈基层图书馆建设中存在的问题及对策[J]. 图书情报论坛，2006(2)：14－16.

② 冉文革. 解读深圳市基层图书馆建设评估标准[J]. 新世纪图书馆，2011(1)：62－64.

今已开展了六次全市性街道（乡镇）图书馆评估考核工作，评估考核标准也随着公共图书馆事业的发展做了修订。以其2015年版考核标准为例，表现出许多新的特点：一是为响应党和政府提出的鼓励社会力量参与公共文化服务体系建设的号召，增加了“社会主体培育与效果”指标，强调了社会力量参与社区图书馆建设的新理念；二是从原来的评定特级、一级、二级、三级馆转变为评定示范馆、优秀馆、达标馆，淡化等级概念，强调服务效能的提高，同时提高“年购书经费”和“工作人员”标准，强化政府的保障作用；三是不再片面强调流通量的增加，而是以所在地区人口数量作为衡量读者到馆人次、图书馆借还册次的依据，使指标更加合理，同时将所有与阅读相关的活动纳入“读者活动”指标，综合考查各馆开展讲座、展览、征文、阅读推广活动的情况，形成对图书馆多元化服务的立体考查①。

3. 总分馆模式下的社区图书馆评估体系

在总分馆模式下，乡镇、街道（社区）图书馆往往作为分馆按照总分馆体系的标准由总馆实行统一管理和考评，很多地区在总分馆制建设之初，就要求乡镇、街道（社区）图书馆按照分馆标准进行硬件、资源等的建设。各地的分馆考核标准因总分馆制建设的成熟度不同而不同，建设较早、相对完善的总分馆体系其分馆考核指标体系也较为成熟。

2007年初，嘉兴市图书馆乡镇分馆试点工作开始运行，目前已形成嘉兴市图书馆—乡镇分馆—村级图书室或流动服务点的总分馆服务体系。2009年，为全面检验乡镇分馆建设和管理工作水平，制定了《嘉兴市图书馆乡镇分馆考核细则》（以下简称《考核细则》），对乡镇分馆从镇政府、乡镇分馆两个层面进行考核。镇政府考核部分占50分，其中设施保障15分、经费保障20分、人员保障15分。乡镇分馆考核部分占50分，其中馆容馆貌5分，主要考查分馆室内环境、消防和安全设施、规章制度、标志等；常规工作40分，考核内容包括开放时间、书刊排架率、图书完好度和剔旧、年有效读者证数量、年外借册次、年流通人次、导读工作、读者活动、文化共享工程、

① 刘瑾. 基于第六次上海市社区图书馆评估后的认识与思考——以长宁区街道（镇）图书馆为例[J]. 图书馆学研究，2017(15)：8－11.

分馆出现问题是否及时汇报和得到有效解决等；文明服务 5 分。《考核细则》既强调了政府在乡镇图书馆建设中的主导作用，同时也充分考虑了乡镇图书馆发展的实际情况。依据该《考核细则》，嘉兴市每年对乡镇分馆实行三级分馆定级制度，按必备条件及考评分值给予考核定级，将定级考核结果作为拨付乡镇分馆年度补助经费的依据①。

长沙市岳麓区总分馆体系建有 1 个中心馆，9 个街道（镇）、社区（村）分馆和 1 个少儿分馆②。为规范图书馆总分馆的建设和管理，岳麓区文化体育新闻出版局制订了《岳麓区图书馆总分馆考核管理办法》，考核内容包括四个部分：基本保障 15 分，主要考查分馆所在街道（镇）或社区（村）对分馆资金和人员的保障；基础工作 30 分，考查分馆读者投诉情况、统一标识设置、开放时间、图书期刊藏量及管理；业务开展 45 分，考查分馆新增读者数量、年流通册次、年到馆人次、对外宣传和特色服务开展情况等；创新特色 10 分，考查主题分馆和特色文献资源建设工作。考核结果分为优秀、合格、不合格三个等级，70 分以上为合格。考核结果纳入岳麓区文体新局对各街道、镇的绩效考核，并直接与分馆年度运行经费拨付挂钩。不合格分馆将呈报长沙图书馆总馆予以警告、撤销等处理。对工作突出、成效显著的优秀分馆给予表彰及奖励③。

如上所述，在总分馆模式下的社区图书馆评估体系中，对镇政府以及街道和社区的考核，保障了政府主导下的分馆建设的资金投入，同时将分馆考核成绩同其运营经费、补助经费或奖励资金挂钩，一方面是对运营良好的分馆的鼓励和支持；另一方面也可达到优胜劣汰的效果，对于那些不合格或不适宜在总分馆体系内作为分馆运营的图书馆，可予以撤销或淘汰，有效地保证了政府投入能够真正用到实处。

---

① 嘉兴市文化广电新闻出版局. 关于修订《嘉兴市图书馆乡镇分馆考核细则》的通知[DB/OL]. [2018-08-01]. http://www.chinalibs.net/ArticleInfo.aspx?id=400233.

② 长沙市岳麓区图书馆. 岳麓区分馆建设小结[EB/OL]. [2018-08-01]. http://www.yuelu.gov.cn/tsg/1232195/1232197/oldinfo94057/index.html.

③ 岳麓区文化体育新闻出版局. 岳麓区图书馆总分馆考核管理办法[EB/OL]. [2018-08-01]. http://www.yuelu.gov.cn/wtxj/889330/889341/1453165/index.html.

第四章　公共图书馆社区服务标准

根据 GB/T 20000.1—2002《标准化工作指南第一部分：标准化和相关活动的通用词汇》的规定，标准是为了在一定的范围内获得最佳秩序，经协商一致制定并由公认机构批准，共同使用的和重复使用的一种规范性文件。公共图书馆服务标准是由各国政府主管部门或图书馆专业组织，或政府指定的专门委员会负责研订，其内容多根据图书馆设置的目标，就图书馆服务所应达到的素质要求及图书馆经营涉及的具体条件（如藏书、人员、经费及建筑设备等）所应达到的最低数量要求做出规定①。图书馆工作人员按服务标准为读者提供服务，使图书馆资源充分发挥作用，从而极大地满足读者的要求，提高读者满意度，保证图书馆的服务达到最佳的秩序和质量。服务标准是衡量图书馆服务水平的必要指标，也是提高服务质量的重要手段②。

在国外，欧美等一些发达国家对公共图书馆标准的研究和实践由来已久。20 世纪 70 年代，各国就制定了以量化为主、重点关注投入的公共图书馆服务标准。20 世纪 70 年代之后，图书馆界开始注重对服务效果的评估，并根据本国具体情况探索不同的标准制定策略，从重视投入转向重视产出、重视服务质量和服务效能，逐渐成为各国图书馆服务标准制定的发展方向，标准体系逐渐趋于完善。以美国为例，1966 年，美国图书馆协会中止了注重数据信息的全国标准的制定，并于 1979 年转向基于各社区状况帮助其制订服务计划而制作相应的手册方面，从统一的标准转变到根据各社区的情况分别提供最佳服务③。美

① 文化部图书馆事业管理局科教处. 世界图书馆事业资料汇编[M]. 北京：书目文献出版社，1990：111.

② 林玲，张健. 图书馆服务标准研究[J]. 图书馆论坛，2010(5)：96－98.

③ 洪秋兰. 国外公共图书馆服务标准文本分析及借鉴[J]. 国家图书馆学刊，2014(2)：53－59.

国文化的多元性及各州的高度自治使得其公共图书馆标准既有全国性行业组织制定的标准，又有各州出台的各自的图书馆标准。例如，美国图书馆协会及其下属各子协会制定的标准就自成体系，据统计从1896年成立起至2015年5月，其发布的标准规范共计42个大类，130多条，其中可用于基层图书馆的指南共计32个①；在美国50个州中共有39个州根据各自区域情况制定了本州的公共图书馆标准，如俄亥俄州、科罗拉多州等②。目前，各国现行的图书馆服务标准还有：澳大利图书馆与信息协会制定的《超越优质服务 强化社会结构——澳大利亚公共图书馆标准与指南》、英国文化部发布的《公共图书馆服务标准》、日本文部科学省的《图书馆设置及运营期望标准》等。

2011年12月30日，我国图书馆界第一个国家标准——《公共图书馆服务规范》（GB/T 28220—2011）发布，并于2012年5月1日正式实施。该标准适用于县（市）级以上的公共图书馆，街道、乡镇公共图书馆以及社区、农村和社会力量创办的各类公共图书馆基层服务点可参照执行。此后，一些省市相继制定了公共图书馆服务的地方标准。例如，2013年1月15日发布并实施的《安徽省公共图书馆服务标准》③，2014年1月起实施的《江西省公共图书馆服务规范》（DB36/T 721—2013）④，2016年6月26日起正式实施的浙江省《公共图书馆服务规范》（DB33/T 2011—2016），2017年11月1日起试行的《重庆市公共图书馆服务规范（试行）》⑤ 等。

在此基础上，为完善公共图书馆基层服务网络，改善社区图书馆服务条

① 申晓娟. 标准化视角下的我国基层图书馆事业发展研究［M］. 北京. 国家图书馆出版社，2015：117.

② 殷剑冰，冼君宜. 国外图书馆标准规范体系研究——以美国及日本为例［DB/OL］. http://www.chinalibs.net/ArticleInfo.aspx?id=433803.

③ 安徽省文化厅. 安徽省公共图书馆服务标准［EB/OL］.［2018-08-17］. http://www.ahwh.gov.cn/zwgk/bzgf/22948.shtml.

④ 江西省文化厅. 关于印发《江西省公共图书馆服务规范》的通知［EB/OL］.［2018-08-17］. http://xxgk.jiangxi.gov.cn/bmgkxx/swht/gzdt/zwdt/201403/t20140312_1021497.htm.

⑤ 重庆市文化委员会. 关于印发重庆市公共图书馆服务规范（试行）的通知［EB/OL］.［2018-08-17］. http://www.cq.gov.cn/publicinfo/web/views/Show! detail.action? sid=4274439.

件，规范社区图书馆服务工作，提高社区图书馆服务效益，促进社区图书馆事业持续健康发展，2016 年 3 月 11 日，文化部发布《社区图书馆服务规范》（WH/T 73—2016），并于 2016 年 5 月 1 日正式实施，成为我国第一部规范社区图书馆服务的行业标准。《社区图书馆服务规范》规定了社区图书馆的服务资源、服务提供、服务管理、社会参与及服务保障等方面的标准和指导性原则。总体上来看，《社区图书馆服务规范》在充分考察我国社区图书馆存在的现实问题、借鉴国外社区图书馆建设先进经验的基础上，按照兼顾前瞻性与现实性、指导性与适用性，保持与现行相关标准的协调一致以及与其他相关标准规范错位互补的原则，注重夯实社区图书馆的基本服务功能，顺应全媒体阅读的发展趋势，推广数字资源服务，强调区域一体化协作协调与文献资源共享，同时鼓励社会力量参与，使图书馆融入社区生活①。

第一节　服务资源标准

服务资源是社区图书馆在开展服务过程中所需的各种要素，服务资源标准是在一定范围内对服务所使用的各种资源规定的统一要求，包括硬件资源、文献资源、人力资源和经费资源等，是图书馆服务的有形部分。

一、设施与设备

服务设施与设备主要包括网点设置、馆舍面积、空间设施以及计算机设备等。在国外，英国《公共图书馆服务标准》用在一定距离内能覆盖的家庭比率规划图书馆网点设置，具体规定为：内伦敦地区所有家庭能在 1 英里范围内到达图书馆；外伦敦地区 99% 的家庭能在 1 英里范围内到达图书馆；大都市区 95% 和 100% 的家庭分别能在 1 英里和 2 英里范围内到达图书馆；自治市镇 88% 和 100% 的家庭分别能在 1 英里和 2 英里范围内到达图书馆；郡县地区 85% 的家庭能在 2 英里范围内到达图书馆；人口稀疏区 72% 的家庭能

① 王林，师丽梅，肖焕忠，等. 以新服务涵养图书馆的未来——《社区图书馆服务规范》解读[J]. 国家图书馆学刊，2016(6)：9－16.

在2英里范围内到达图书馆。美国印第安纳州规定服务人口在10 000人或以下的为C级馆，10 000人至40 000人的为B级馆，40 000人及以上为A级馆。我国《公共图书馆建设用地指标》（建标〔2008〕74号）规定服务人口150万及以上设置大型馆（建筑面积20 000平方米以上）1至2处，服务半径不大于9公里；服务人口50万设置中型馆（建筑面积4500平方米—20 000平方米）1处，服务半径不大于6.5公里；服务人口5万至20万设置小型馆（建筑面积1200平方米—4500平方米）1处，服务半径不大于2.5公里。《公共图书馆建设标准》（建标108—2008）规定“服务人口3万以下的，不建设独立的公共图书馆，应与文化馆等文化设施合并建设”。

《社区图书馆服务规范》重点考虑公共文化服务的普遍均等原则和就近原则，规定“社区图书馆网点设置按服务半径不大于1.5千米，或服务人口不少于5000人的标准”进行规划和布局；使用面积参考《公共图书馆建设标准》（建标108—2008）中的“服务人口3万人以下，建筑面积不大于27平方米/千人；阅览座位2席/千人，总座位数不少于60席”的标准，规定“社区图书馆使用面积按服务人口计算应不低于20平方米/千人，阅览座位应不低于4席/千人”。在实践中，由于区域经济发展的不平衡，存在着城乡差距、地区差距和区域内部差距，经济欠发达地区尤其是中小城市和乡镇地区的社区图书馆网点建设现状堪忧，与《社区图书馆服务规范》规定的标准相差甚远。例如，目前北京市的社区图书馆覆盖率达90%以上，平均馆舍面积为80—150平方米①；而山东威海市的119个社区中，统计数据显示社区图书室是65个，但实际上仅有菊花顶、温泉镇、古陌街道等几处图书室，其余馆则形同虚设，社区图书馆建设接近空白②；南京是我国公共图书馆建设和发展相对较好的地区，截至2012年底，全市已建分馆16家，服务网点60余个以及街镇村社区分馆100余个，但仍然有45.53%的居民居住地附近（1.5公里内）没有图书馆或服务网点，社区图书馆建设数量仍然存在缺口，不方

① 景俊美.北京市社区图书馆的发展现状及对策[M]//施昌奎.北京公共服务发展报告2017—2018.北京:社会科学文献出版社,2018:75－86.

② 郝冬冬,张永成.基于共享模式下的威海市社区图书馆联盟构建研究[M]//刘昌毅.威海市社会科学优秀成果获奖作品文库(第十二卷).北京:社会科学文献出版社,2017:587－598.

便利用①。

在设备配置方面，美国《威斯康星公共图书馆标准》② 规定了每千人拥有的可访问互联网的计算机数量，其标准分为 3 个等级，如 1000 人以下 3 个等级的计算机数量标准分别为 6.61 台、8.36 台、10.08 台，每增加 1000 人设定一个标准，如 1000—2000 人的每千人拥有计算机数量分别为 3.20 台、4.56 台、5.68 台；10 万人及以上分别为 0.73 台、0.74 台、0.84 台③。英国《公共图书馆服务标准》规定每万人拥有的可访问的计算机数量为 6 台④。澳大利亚规定可访问互联网的计算机数量的基础目标为至少每 3000 人拥有 1 台，增强目标为至少每 2000 人拥有 1 台⑤。

我国《公共图书馆服务规范》规定了省级、市级和县级图书馆的计算机配备数量以及网络与带宽接入标准，并对信息节点与阅览座位的比率进行了规定。《社区图书馆服务规范》则主要强调了网络接入条件和计算机数量，规定“网络接入带宽不小于 4 兆，用于读者服务的计算机数量按服务人口计算应不低于 1 台/千人，并适应新技术的发展配备各种现代化设备”。对比《公共图书馆服务规范》（GB/T 28220—2011）中规定的“县级馆互联网接入带宽不小于 2 兆”可以看出，《社区图书馆服务规范》在保持与现行相关标

---

① 王晔.从空间到场所———社区图书馆场所认同危机与重塑策略[J].图书馆工作与研究,2015(12):43－47.

② 美国《威斯康星公共图书馆标准》根据城市人口和服务人口分别规定了与人口有关的指标数值,其中城市人口是指图书馆服务区域的常住人口,服务人口是指服务区域的常住人口加上通过本地流通数量估计出来的周边非服务区域的人口的总和。本书所引用的该标准的数值均指基于服务人口的指标数值。

③ Wisconsin Department of Public Instruction. Wisconsin public library standards(sixth edition)[EB/OL].[2018－08－17]. https://dpi.wi.gov/sites/default/files/imce/pld/doc/wisconsin_public_library_standards_6th_edition_2018_final.docx.

④ Department for Culture, Media and Sport. Public library service standards [EB/OL].[2018－08－17]. http://webarchive.nationalarchives.gov.uk/20081023183056/http://www.culture.gov.uk/images/publications/PulbicLibraryServicesApril08.pdf.

⑤ Australian Library and Information Association. Beyond a quality service: strengthening the social fabric—standards and guidelines for Australian public libraries[EB/OL].[2018－08－17]. https://www.alia.org.au/sites/default/files/documents/Publishing/Archivedreports/PLSG_ALIA_2012.pdf.

准协调一致的情况下，根据现实发展水平对特定标准进行了适度调整。

此外，《社区图书馆服务规范》还提到“相关设备配置可结合国家重点文化工程建设项目的要求统筹安排”。文化部、财政部自 2002 年起共同组织实施的全国文化信息资源共享工程，其基层中心就设在地、市、县、乡镇、街道、社区、村等包括社区图书馆在内的各级文化设施内。2009 年 7 月，文化部办公厅印发了《2009 年全国文化信息资源共享工程各级分支中心和基层服务点建设配置标准的通知》，制定了 2009 年文化共享工程各级分支中心和基层服务点建设配置标准，规定了信号接入、资源管理、资源展示、网络连接、办公设备、控制台和软件等几大类必备设备的配置标准①。为进一步满足人民群众日益增长的文化需求，随着文化共享工程进入新的发展阶段，2012 年，文化部、财政部在全国开始实施公共电子阅览室建设计划。实施内容之一就包括重点推进乡镇和街道、社区公共电子阅览室的建设，按照面积不少于 40 平方米、终端计算机不少于 10 台、局域网存储空间不少于 1TB、互联网出口带宽不低于 2M 的标准，建设规范的乡镇、街道（社区）级公共电子阅览室。在文化共享工程乡镇、街道、社区基层点的计算机配置分别为 4 台、7 台、3 台的基础上，“十二五”期间有计划地增加至 10 台以上，使其达到公共电子阅览室设备配置标准，到“十二五”末，实现公共电子阅览室在全国所有乡镇和街道、社区的全面覆盖②。这些重点文化惠民工程的实施，有力地推动了社区图书馆的硬件资源配置。

二、服务人员

在人员数量方面，国际上通行的做法是以服务人口数量作为公共图书馆人员定编的主要标准，如《澳大利亚公共图书馆标准和指南》规定按每 3000 服务人口配备 1 名馆员的基准定编，超过这一基准则按每 2500 人配备 1 名馆员的比例增加；英国威尔士规定每 2500 居民至少配备 1 名图书馆员；俄罗斯按每

---

① 文化部办公厅. 2009 年乡镇文化共享工程基层服务点和开展活动设备配置标准[EB/OL]. [2018 - 08 - 17]. http:// www. ndcnc. gov. cn/gongcheng/gonggao/201803/W020180601476887713650. doc.

② 文化部,财政部. 关于印发《“公共电子阅览室建设计划”实施方案》的通知[EB/OL]. [2018 - 08 - 17]. http://www. gov. cn/zwgk/2012-02/27/content_2077526. htm.

10 000服务人口配备 1 名全职专业图书馆员的基准定编，超过该基准的，按每10 000人配备 1.2 人的比例增编①；美国《威斯康星公共图书馆标准》规定按每周 40 小时作为全日制用工的量度，用所有有薪雇员的工作时间总数除以 40 作为图书馆所拥有的全日制职员人数，按 3 个等级规定每千人服务人口的全职馆员数量，如服务人口 1000 人以下全职馆员数量的三个等级分别为 1.5 人、1.8 人和 2.8 人，10 万及以上服务人口千人全职馆员数的三个等级分别为 0.4 人、0.5 人、0.6 人②。

我国的《公共图书馆服务规范》规定，每服务人口 10 000 人—25 000 人应配备 1 名工作人员。各级公共图书馆所需的人员数量的配备，还应兼顾服务时间、馆舍规模、馆藏资源数量、年度读者服务量等因素。《社区图书馆服务规范》则规定，社区图书馆应至少配备专职工作人员 1 名，并根据需要配备一定数量的兼职工作人员或招募志愿者。由此可以看出，两种规范在人员数量方面的要求是趋于一致的，但就目前的情况来看，由于工资待遇、职业发展等多种原因，很多社区图书馆缺乏专职工作人员，尤其是在乡镇和村级图书馆，无专职工作人员的问题较为普遍。

在人员质量方面，澳大利亚公共图书馆的标准是每 10 000 人需配备 1 名全职的专业图书馆员（FTE），超过这一标准按每 10 000 人配备 1.2 名全职专业图书馆员的比例增加③；美国《威斯康星公共图书馆标准》规定图书馆需有固定的、付薪的、合格的图书馆员，并接受履行工作职责的培训以及维护读者隐私和保密性原则的培训④；纽约州的《纽约州公共图书馆最低标准》

---

① 翟建雄，邓茜. 中外公共图书馆人员编制标准比较研究[J]. 山东图书馆学刊，2012(6)：6－13.

② Wisconsin Department of Public Instruction. Wisconsin public library standards(Sixth Edition)[EB/OL]. [2018－08－17]. https://dpi. wi. gov/sites/default/files/imce/pld/doc/wisconsin_public_library_standards_6th_edition_2018_final. docx.

③ Australian Library and Information Association. Beyond a quality service: strengthening the social fabric—standards and guidelines for Australian public libraries[EB/OL]. [2018－08－17]. https://www. alia. org. au/sites/default/files/documents/Publishing/Archivedreports/PLSG_ALIA_2012. pdf.

④ Wisconsin Department of Public Instruction. Wisconsin public library standards(sixth edition)[EB/OL]. [2018－08－17]. https://dpi. wi. gov/sites/default/files/imce/pld/doc/wisconsin_public_library_standards_6th_edition_2018_final. docx.

规定图书馆必须聘用付薪职员，并对公共图书馆系统成员馆和非成员馆的馆员最低受教育程度进行了规定：服务人口在2500人以下不做要求；服务人口在2500至4999人之间的成员馆要求馆员在正规大学学习两年，非成员馆则要求馆员需取得一项学士学位；服务人口在5000至7499人之间的成员馆要求馆员取得一项学士学位，非成员馆要求馆员获得公共图书馆专业证书；服务人口超过7500人，不论是成员馆还是非成员馆，均要求馆员获得公共图书馆专业证书①。英国在2001年第一版《公共图书馆服务标准》中提出人员质量指标，即每千人拥有的具有信息管理能力和信息通信技术能力的员工数，由于没有足够的资料确定这两类人员的目标数量，英国文化、传媒与体育部（DCMS）希望委托第三方研究机构确定②，但由于跨部门对人员进行资格分类存在困难，在其后的修订中这一指标被暂时取消③。

我国的《公共图书馆服务规范》规定“公共图书馆工作人员应受过专业训练、具备良好的职业道德，在读者服务工作中应平等对待所有公众，尊重和维护读者隐私”“具有相关学科背景的专业技术人员应占在编人员的75%以上”“年人均受教育培训时间应不少于72学时”。《社区图书馆服务规范》要求工作人员应具有大专及以上学历，受过基本的图书馆专业技能培训，能够熟练操作和使用计算机及相关设备，并具备良好的职业道德。每年参加继续教育学习应不少于5天。也就是说，无论是专职工作人员，还是兼职工作人员或志愿者，均需受过基本的图书馆专业技能培训，唯如此，才能开展最基本的图书馆业务工作。

关于图书馆员职业道德。2002年11月15日中国图书馆学会六届四次理

---

① New York State Library. Minimum standards for New York's public libraries[EB/OL].[2018-08-17]. http://www.nysl.nysed.gov/libdev/ministan.htm.

② Department for Culture, Media and Sport. Comprehensive, efficient and modern public libraries—standards and assessment[EB/OL].[2018-08-17]. http://webarchive.nationalarchives.gov.uk/20080727063221/http://www.culture.gov.uk/images/publications/libraries_archives_for_all_assessment.pdf.

③ Department for Culture, Media and Sport. Consultation on the Service Public Library Stansards[EB/OL].[2018-08-17]. http://webarchive.nationalarchives.gov.uk/20050302032623/http://www.culture.gov.uk/NR/rdonlyres/51077 F04-4DC6-44BE-866B-049A05A5B9B8/0/ServiceStandardsconsultationlet.pdf.

事会通过了《中国图书馆员职业道德准则（试行）》，并于2003年5月26日在“全国图书馆服务宣传周”期间正式向社会发布。该准则是以中共中央颁布的《公民道德建设实施纲要》为指导，总结我国图书馆活动的实践经验，为履行图书馆承担的社会职责而制定的行业自律规范。

总体来讲，就目前我国社区图书馆的情况来看，亟须相对稳定的、接受过专业培训、职业素养较高的专职人员为读者提供服务。此外，受过基本的图书馆专业技能培训、能够协助馆员从事一般性工作的兼职人员和志愿者也可以有效缓解管理人员短缺的问题。因此，为有效保持社区图书馆人才队伍的稳定性，《社区图书馆服务规范》还提出可采取不同的用工方式保障工作人员待遇。

三、文献资源

文献资源是图书馆开展服务的主要物质基础，馆藏文献的数量和质量直接影响读者服务的水平和质量。在馆藏数量方面，英国《公共图书馆服务标准》规定每千人年新增馆藏量为216册（件），新增馆藏种类包括图书、视听资料、电子出版物等，但不包括期刊、报纸①。澳大利亚公共图书馆标准规定的人均拥有馆藏量基础目标是1.8册（件），增强目标为2.2册（件），此标准中的馆藏包括印刷版的书籍、杂志、报纸、期刊、地图、计划、手稿以及视听材料和数字材料（如有声书、CD、CD-ROM、视频、DVD、电脑游戏、电子书）和其他物品，如玩具和游戏等，但不包括在线电子资源②。美国《威斯康星公共图书馆标准》设为3个等级，规定服务人口数量少于1000人的人均拥有馆藏量（包括纸质和视听材料）的3个等级标准分别为11.8册（件）、18.4册（件）、20.5册（件），每增加1000人设定一个标准，服务人口达到10万人及以上的标准为2.3册（件）、2.8册（件）、3.2册（件）。除此之外，还规定了每千人拥有的期刊种类、人均拥有的视听馆藏数量、人

---

① Department for Culture, Media and Sport. Public library service standards [EB/OL]. [2018 - 08 - 17]. http://www.culture.gov.uk/images/publications/PulbicLibraryServicesApril08.pdf.

② Australian Library and Information Association. Beyond a quality service: strengthening the social fabric—standards and guidelines for Australian public libraries [EB/OL]. [2018 - 08 - 17]. https://www.alia.org.au/sites/default/files/documents/Publishing/Archivedreports/PLSG_ALIA_2012.pdf.

均拥有的印刷图书数量等①。

我国的《公共图书馆服务规范》规定“省级馆、地级馆、县级馆的入藏总量分别应达到135万册、24万册、4.5万册以上，省、地、县级馆年人均新增藏量分别应达0.017册、0.01册、0.006册以上。馆藏电子文献包括电子图书、电子报刊、视听资料等，以品种数计。省级馆、地级馆、县级馆的年入藏量分别应达到9000种、500种、100种以上”。与《公共图书馆服务规范》一致，《社区图书馆服务规范》分别对馆藏总量和年馆藏增长率进行了规定，即“按服务人口计算，基本馆藏量应不低于人均0.5册，复本不大于2册，年更新数量不少于10%，报刊年订阅数量应不少于50种”。由此可以看出，在人均馆藏量上，我国的现行标准与国外图书馆标准还存在很大的差距。在《社区图书馆服务规范》发布之前，中国图书馆学会于2015年5月发布的《书香社区标准指标体系》，要求社区图书馆图书总量为5000册（件），年更新图书率为30%；报纸期刊100种、音像制品30种；要求能“通过联网计算机利用数字资源”。这一标准给出了统一的定量要求，但未考虑社区的人口数量②。

在馆藏质量方面，英国《公共图书馆服务标准》规定流通馆藏更新年限为6.7年，流通馆藏包括可供公众开放获取和借阅的图书、视听资料等，但不包括特藏③。澳大利亚在馆藏质量方面规定的基础目标为50%的馆藏为近5年出版，增强目标为58%的馆藏为近5年出版，其中家族史和有关本地研究的馆藏不适用此标准④。美国《威斯康星公共图书馆标准》虽没有对馆藏质量给出定

① Wisconsin Department of Public Instruction. Wisconsin public library standards(sixth edition)[EB/OL]. [2018-08-17]. https://dpi.wi.gov/sites/default/files/imce/pld/doc/wisconsin_public_library_standards_6th_edition_2018_final.docx.

② 中国图书馆学会. 中国图书馆学会关于发布书香城市(县级)、书香社区标准指标体系的通知[DB/OL]. [2018-11-19]. http://www.chinalibs.net/ArticleInfo.aspx?id=376277.

③ Department for Culture, Media and Sport. Public Library Service Standards [EB/OL]. [2018-08-17]. http://www.culture.gov.uk/images/publications/PulbicLibraryServicesApril08.pdf.

④ Australian Library and Information Association. Beyond a quality service: strengthening the social fabric—standards and guidelines for Australian public libraries[EB/OL]. [2018-08-17]. https://www.alia.org.au/sites/default/files/documents/Publishing/Archivedreports/ PLSG_ALIA_2012.pdf.

量标准，但规定新增馆藏应在全年内定期购买，以确保文献的持续更新，并要求根据各类文献的比率定期评估，以确定是否对其进行保留、替换或回收①。

我国的《公共图书馆服务规范》中未见诸如馆藏结构、馆藏文献的更新频率、剔旧等的规定，《社区图书馆服务规范》中也未对馆藏质量做出明确的规定，只强调“适当考虑少年儿童图书的比例”。馆藏质量会直接影响读者服务水平，因此，期待在以后的标准修订中能够重点考虑。此外，《社区图书馆服务规范》还建议馆藏图书宜由中心图书馆统采统编，期刊、报纸可根据社区居民需求自行订购。

在数字资源方面，目前我国社区图书馆的经费情况是无力购买数字资源的，因此《社区图书馆服务规范》建议通过计算机网络共享中心图书馆的数字资源，如电子图书、电子期刊、电子报纸以及其他各种数据库资源。显然，这对于未建立总分馆制的地区来说，社区图书馆还无法共享区县级图书馆的数字资源。但将数字资源纳入馆藏资源标准范畴，体现了在数字环境下，社区图书馆也应具备一定的数字服务能力，以应对公众信息获取方式的变化。

长期以来，由于基层图书馆一直缺乏稳定和充足的资金，购书经费没有保障，社区图书馆往往藏书数量少、新增慢、结构不合理，可读性不强，很多社区图书馆更多地依赖文化信息资源共享工程、农家书屋等工程的资源，一些地方由于后续的资金跟不上，导致建成的工程资源迟迟得不到更新，馆藏质量堪忧。为提高基层图书馆馆藏资源建设的质量，使有限的购书经费能够较为合理地配置资源，自2009年起，中国图书馆学会推荐书目委员会用两年的时间编纂了《中国基层图书馆基本藏书推荐书目》，面向市、县（区）、乡镇（街道）、村（社区）图书馆的采访、藏书建设和阅读推广工作提供有一定参考价值的基本馆藏资源配置书目，荐书总量约4000种，并于2012年第四届“百县馆长论坛”以及同年召开的中国图书馆学会年会上向与会代表发放②。应该说，这是

---

① Wisconsin Department of Public Instruction. Wisconsin public library standards(sixth edition)[EB/OL].[2018-08-17]. https://dpi.wi.gov/sites/default/files/imce/pld/doc/wisconsin_public_library_standards_6th_edition_2018_final.docx.

② 郭腊梅，邓咏秋. 切实提升基层图书馆馆藏文献资源质量和书目推荐水准——编纂《中国基层图书馆基本藏书推荐书目（第1版）》的说明[J]. 山东图书馆学刊，2013(2):105-107.

图书馆行业在基层图书馆资源建设经费长期缺乏的情况下而采取的保障馆藏质量和数量的自救方略和措施。此外，从2008年起，国家新闻出版署逐年发布《农家书屋重点出版物推荐目录》，指导各地农家书屋馆藏的补充和更新工作，对农家书屋藏书数量和质量的提升起到了积极的推动作用。

第二节　服务提供标准

一、服务内容

美国《威斯康星公共图书馆标准》规定，图书馆免费为用户提供互联网接入和个人计算机应用、打印服务以及免费无线上网，保证用户对在线资源的7×24小时访问，为儿童、青少年和成年人提供可便捷访问的公共服务项目，提供可用的残疾人设施和项目，在图书馆网站上公布图书馆关键人员信息如职位、姓名和电子邮件地址等；在其最高标准级别即第3级标准中还规定图书馆应为成人和儿童日托机构、精神卫生机构、疗养院、监狱和学校等提供包括图书和活动在内的延伸服务①。《澳大利亚公共图书馆标准和指南》规定，图书馆要确保其所服务的社区能够访问所有图书馆资源和服务；图书馆使用诸如网站、电子邮件、RSS、大众媒体等手段向客户宣传有关新项目、服务的信息；图书馆根据用户喜好通过电子邮件、SMS、RSS、在线消息/公告等方式与用户进行沟通；为用户使用的所有设备（如自检仪、复印机、扫描仪、无线网接入）提供明确的使用说明。此外，该标准还专列了一项用户活动指南，规定图书馆应为社区提供一系列与图书馆服务和收藏有关的活动，丰富社区成员的生活。这些活动包括成人识字计划、作家访谈、家庭服务项目（如家庭作业、信息素养）、亲子活动、英语课程、高中课程、文化多样性活动、残疾人俱乐部等，服务对象为土著人、青少年、儿童、残疾人和老

---

① Wisconsin Department of Public Instruction. Wisconsin public library standards(sixth edition)[EB/OL].[2018-08-17]. https://dpi.wi.gov/sites/default/files/imce/pld/doc/wisconsin_public_library_standards_6th_edition_2018_final.docx.

年人①。美国和澳大利亚的图书馆服务标准，并没有提及最基本的“借阅服务”，而是更多地强调了为用户提供基于网络的远程服务，与用户进行互动的各类文化活动等，这也更符合网络环境下用户的信息获取方式与文化活动需求。

我国《公共图书馆服务规范》规定，“公共图书馆的基本服务是保障和满足公众的基本文化需求的服务，包括为读者免费提供多语种、多种载体的文献借阅服务和一般性的咨询服务，组织各类读者活动以及其他公益性服务”，并对流动服务、总分馆服务、包括远程服务和个性化服务在内的拓展服务进行了阐释。《社区图书馆服务规范》规定社区图书馆应免费提供文献借阅服务，强调关注儿童、老年人、残障人士等特殊群体的阅读需求，体现了社区图书馆的普遍均等原则；为了顺应数字化阅读的趋势，还规定社区图书馆应免费提供上网服务，包括无线互联网接入服务，通过计算机网络开展数字资源服务；在咨询服务方面，强调通过现场、电话、电子邮件、社交网络、网上咨询系统等多样化方式提供一般性咨询服务。通过信息化手段开展社区交流和服务，有助于提高社区图书馆的服务水平和效率。在信息时代，社区图书馆不仅是居民享受基本借阅服务、免费获得知识的场所，更是居民沟通情感、交流信息的休闲和社交场所。因此，丰富多彩的读者活动应是社区图书馆必不可少的服务项目。《社区图书馆服务规范》规定社区图书馆应“自主组织和配合中心图书馆开展讲座、沙龙、培训、展览等读书活动及各种形式的文化活动”，并强调“重点组织开展适合老年人、少年儿童特点的活动”，切合了社区图书馆用户以老人和儿童居多的特点。

在实践中，随着网络和信息技术的发展，社区图书馆提供基于网络的服务和数字阅读已成趋势，有条件的社区图书馆在服务内容方面也在向这一方向发展，但由于人员、场地等条件限制，读者活动的举办还不尽如人意，图书借阅依然是大多数社区图书馆的主要服务项目。一项对南京社区图书馆的

---

① Australian Library and Information Association. Beyond a quality service：strengthening the social fabric—standards and guidelines for Australian public libraries[EB/OL]. [2018-08-17]. https://www.alia.org.au/sites/default/files/documents/Publishing/Archivedreports/PLSG_ALIA_2012.pdf.

调查显示，七成以上的社区图书馆业务很少涉及借阅书刊之外的其他项目。服务项目的单一，也是造成一些社区图书馆利用率不高、叫好不叫座的原因之一①。

二、开放时间

开放时间是图书馆资源和服务能够被公众获取的重要保证，也是衡量图书馆利用能力的一个重要指标。英国《公共图书馆服务标准》规定每千人拥有累计开放时间为128小时，其计算方法为“所有图书馆服务点1年的开放时间总和/人口总数”，考虑到每天通勤者和游客的流量对人口数量的影响，该标准还给出了人口总数的计算方法，即等于以下人数的总和：一是常住人口，二是平均每天的净访问量乘以0.25，三是年平均夜间访客数乘以0.5，除以365；年日间访客数乘以0.5，除以3，再除以365②。《澳大利亚公共图书馆标准和指南》并未对该指标给出量化标准，而是提出了图书馆开放时间的一般准则，即在确定开放时间时，应考虑人口规模，并对用户及潜在用户的需求、社区人口情况（如年轻人、有子女的家庭、老年人的数量）进行评估，图书馆邻近的其他社区设施，如商店、剧院、公共交通，以及它们的工作时间也应被考虑在内；开放时间包括上午、下午、晚上和周末时间；开放时间确定后要定期审查，以考虑社区和人口的变化；对图书馆资源的远程访问应随时可用③。美国《威斯康星公共图书馆标准》规定按服务人口确定总的开放时间，服务人口1000人以下每周开放时间的3个级别的标准分别为25小时、29小时、46小时，每增加1000人增加相应的开放时间，如服务人口1000—2000人的

---

① 王晔. 从空间到场所——社区图书馆场所认同危机与重塑策略[J]. 图书馆工作与研究，2015(12):43-47.

② Department for Culture, Media and Sport. Public library service standards [EB/OL]. [2018-08-17]. http://www.culture.gov.uk/images/publications/PulbicLibraryServicesApril08.pdf.

③ Australian Library and Information Association. Beyond a quality service: strengthening the social fabric—standards and guidelines for Australian public libraries[EB/OL]. [2018-08-17]. https://www.alia.org.au/sites/default/files/documents/Publishing/Archivedreports/PLSG_ALIA_2012.pdf.

3 个级别的标准分别为 30 小时、35 小时、42 小时，服务人口 10 万人及以上的标准分别为 67 小时、69 小时、71 小时①。《南达科他州公共图书馆标准》规定图书馆的开放时间根据用户和潜在用户的可支配时间来设定，并给出了不同数量服务人口的开放时间的最小值和理想值。例如，服务人口在 4000 人以下，每周的开放时间最小值为 15 小时，理想值为 25—40 小时；服务人口 4000—10 000 人每周的开放时间最小值为 30 小时，理想值为 40—50 小时；服务人口超过 25 000 人，每周的开放时间最小值为 50 小时，理想值为 60 小时以上。在实践中，该州很多图书馆的开放时间都远远大于最小值②。

我国《公共图书馆服务规范》规定公共图书馆应有固定的开放时间，双休日应对外开放，并规定了各级公共图书馆的最低开放时间，其中省级馆每周开放时间不少于 64 小时；地级馆每周开放时间不少于 60 小时；县级馆每周开放时间不少于 56 小时。《社区图书馆服务规范》规定“社区图书馆应有固定的开放时间，每周开放时间应不少于 36 小时，双休日应对外开放”。而在实践中，很多社区图书馆开放时间不足或不合理，与读者借阅时间冲突，严重影响了图书馆服务效益。一项对石家庄 50 家社区图书馆的调查显示，由于以社区居委会为依托，社区图书馆的开放时间多与社区居委会的办公时间一致，其中 33 所社区图书馆在 8：00—18：00 开放，3 所选择工作时间（上午8：30—11：30，下午 14：30—17：00）开放，另有 10 所无固定时间开放③。无独有偶，一项对济南市历下区 10 所运营状况良好的社区图书馆的调查显示，开放时间最多的有 2 所，一周开放 32.5 小时，每周一至周五上午（8：30—11：30）和下午（13：30—17：00）开放；有 6 所一周开放 25 小时，每周周一至周五（12：00—17：00）开放；另有 2 所一周开放 21.5 小时，仅在每周二、周三、周五下午和周六上午开放④。

---

① Wisconsin Department of Public Instruction. Wisconsin public library standards(sixth edition) [EB/OL]. [2018 - 08 - 17]. https://dpi.wi.gov/sites/default/files/imce/pld/doc/wisconsin_public_library_standards_6th_edition_2018_final.docx.

② South Dakota State Library Board. South Dakota public library standards [EB/OL]. [2018 - 08 - 17]. http://library.sd.gov/LIB/DEV/SDPubLibStandards-2017Guide.pdf.

③ 吴韬. 石家庄市社区图书馆调查报告[D]. 保定:河北大学,2013.

④ 刘婷婷. 社区图书馆建设模式研究[D]. 保定:河北大学,2017.

社区图书馆开放时间没能与正常上班时间错开以及双休日未能全部开放，导致上班一族和在校生的阅览受阻。为应对这一问题，有效延伸服务时间，一些发达地区的图书馆也进行了有益的尝试。例如，深圳福田区各图书馆实行“错时休息”，错开闭馆休息时间，保证读者每天都有地方读书；实行“错峰开馆”，在保证每周开放总时间的前提下，根据各社区居民、读者对象的职业特点、生活习惯的不同，错开对外开放时间，保证了图书馆在读者最少的时段休息。同时区图书馆由原来每周开放64小时延长为72小时，街道图书馆由原来每周开放36小时延长为60小时，社区图书馆由原来每周开放36小时延长为54小时①。

因此，有学者指出，读者能否方便地获取图书馆服务，不仅仅是通过开放时间的长短来衡量的，还应考虑开放的时间段，且开放时间的长短可结合不同地区、不同社区的实际情况有所变化，如东三省地区，一年中冬天时间较长，且冬天的白昼时间短，所以其每周的开放时间可适当缩短②；在城市社区，不仅要考虑上班一族的作息时间，还要兼顾社区老人和儿童，依据社区人员情况确定；而在农村，还要考虑农民的生产和闲暇时间。因而，在相应的标准中除了给出量化的指标外，还应给出一些原则性的指导建议，帮助社区图书馆根据实践情况设定最佳的开放时间。

三、服务宣传

服务宣传是图书馆面向公众、各类社会机构以及政府进行的服务营销和推广，是图书馆扩大社会影响、营造良好阅读氛围、引导公众了解和利用图书馆资源与服务的重要手段，也是图书馆树立良好社会形象、获得政府拨款和社会捐赠的有效途径。国外的公共图书馆标准通常将服务宣传纳入“图书馆营销”或“图书馆公共关系”范畴，一般会给出具体的指导性原则。例如，美国《威斯康星公共图书馆标准》在其二级和三级标准中均有关于图书

---

① 陈慰，顾晓光. 公共图书馆服务时间拓展研究[J]. 图书馆建设，2016(2)：10 - 14.

② 王秀香.《公共图书馆服务规范》指标内容分析——与美国、澳大利亚、英国公共图书馆服务标准的对比研究[DB/OL].[2018 - 08 - 17]. http://www.chinalibs.net/ArticleInfo.aspx?id = 402300.

馆公共关系的规定。在其二级标准的公共关系条款中指出，公共关系有助于传达图书馆的正面形象，促进图书馆资源、服务和项目的利用。图书馆应对所有的政策和项目进行评估，以确定其对公众和图书馆公共关系的影响，并通过多种手段宣传馆藏和服务。二级标准给出了多项宣传手段，要求图书馆至少达到其中4项的要求，这些手段包括：制作精美的可供公众阅读的年度报告；制作具有吸引力和不断变化的展品、展示和公告牌；在报纸上发布文章、专栏和广告；制作有关图书馆服务的海报、传单、小册子和书签广告；通过社交网络、电视等进行宣传；制作有吸引力的动态网站；在图书馆巡查以评估其展示的形象；建立可识别的品牌策略，如图书馆标志或口号；制作反映社区多样性的材料如西班牙语标识、反映拉丁裔的海报等。而在其三级标准中，则提出了更高的要求，要求图书馆通过定期与民选官员、商界领袖和公民组织沟通，发展良好的社区关系①。

《澳大利亚公共图书馆标准和指南》设置了“营销与公共关系条款”，目的是确保所有成员都能了解图书馆服务和项目，保证为社区所有成员提供便利的图书馆设施和服务。该标准给出了图书馆营销和推广的一般准则，如馆员须积极推进社区内的服务和资源利用，并参与市场推广活动；图书馆预算的一部分须分配给营销和促销活动；利用本地电子、印刷和非印刷媒体促进图书馆服务和项目开展；制定具体战略，提供有针对性的图书馆服务和方案的信息；及时制作包含优质信息的、定向的宣传材料；图书馆政策的制定、审查和修订需考虑到其对图书馆公共关系的影响；与当地社区组织、企业、媒体、州/地区图书馆以及澳大利亚图书馆与信息协会（ALIA）达成伙伴关系，以促进图书馆的营销和推广；对媒体报道进行监测，以了解图书馆服务的提及频率以及图书馆活动和项目的效能②。

---

① Wisconsin Department of Public Instruction. Wisconsin public library standards(sixth edition)[EB/OL].[2018-08-17]. https://dpi.wi.gov/sites/default/files/imce/pld/doc/wisconsin_public_library_standards_6th_edition_2018_final.docx.

② Australian Library and Information Association. Beyond a quality service: strengthening the social fabric—standards and guidelines for Australian public libraries[EB/OL].[2018-08-17]. https://www.alia.org.au/sites/default/files/documents/Publishing/Archivedreports/PLSG_ALIA_2012.pdf.

我国《公共图书馆服务规范》从导引标识、服务告示、馆藏揭示、活动推广等4个方面给出了图书馆服务宣传的详细指导性原则，其中导引标识、服务告示、馆藏揭示主要是以图书馆场馆和网站为阵地，通过标识设置、公告张贴以及网站推送等形式宣传图书馆服务和资源，宣传方式较为被动，实际上还是“坐等读者上门”的方式；而活动推广规定“公共图书馆应通过媒体、网站、宣传资料、宣传栏及各种现代化通信手段等形式，邀请、吸引读者的参与和互动”，增加了更多的“主动性”元素。《社区图书馆服务规范》对服务宣传的规定较为简洁，一是关于标识和公告，规定“社区图书馆应设立醒目的导引标识和服务公告，包括馆牌、开放时间、文献排架标识、服务项目与规则等”；二是服务宣传，规定“社区图书馆应利用宣传栏、宣传资料、媒体及其他现代化手段，宣传和推广图书馆服务，揭示文献资源，吸引读者利用图书馆”。与国外标准相比，显然我国公共图书馆的服务宣传标准还仅仅停留在纯粹的“宣传”层面，而且是以图书馆场馆为主要阵地的宣传，对外宣传的拓展和合作以及营销的理念并未在标准中体现出来。

在实践中，由于宣传和营销观念淡薄而导致的社区图书馆叫好不叫座的现象比比皆是。2015 年，湖南省常德市启动“书香社区”建设，截至2016 年已经建成 18 个社区图书馆并向市民免费开放，其中武陵区 14 个。但一项针对武陵区社区图书馆的随机调查显示，有 57. 89% 的居民表示不知道有社区图书馆，有 61. 25% 的居民表示从未去过社区图书馆。造成这一现象的原因之一就是社区图书馆营销观念淡薄，导致过半数的社区居民对哪里有社区图书馆、社区图书馆提供哪些服务不甚了解，因而只能舍近求远，到书店或者市级图书馆去看书①。王晔对南京市 11 个区 80 多个街道的不同职业和学历层次的社区居民进行抽样调查，结果显示，63. 93% 的居民表示从未去过社区图书馆。其中，因为不知道社区图书馆在哪里而没有去的占6 成以上。如位于湖西街上的某图书馆，距离南京居住人口最为密集的住宅小区仅有 10 分钟的路程（步行），可是在该小区调研时发现，近 6 成居民根

---

① 陈艳莉，赵琳. 全民终身学习视域下社区图书馆的可持续发展之路——以常德市为例［J］. 湖南广播电视大学学报，2017(1)：5 – 8.

本不知道它的存在①。李保东对东莞市 32 个镇街的 369 个社区新型公共电子阅览室的调查显示，在社区的公交车站、商贸中心、街头巷尾等重要公共场所几乎看不到社区新型公共电子阅览室的导引标识，社区内的道路标识牌上也没有相应导航，大部分的社区阅览室缺乏主动宣传的意识，坐等“群众上门”，宣传力度不够，市民知晓率低②。

第三节 服务管理标准

我国《社区图书馆服务规范》规定的服务管理内容包括服务运作、文献组织、服务统计、服务安全、服务绩效、服务监督与反馈几个方面，其中服务运作是以总分馆制建设为前提的，规定“社区图书馆宜纳入地区一体化服务体系，接受中心图书馆的业务辅导，依托中心图书馆服务网络和业务管理平台，通过协作与共享，联合开展各项服务工作”。本节将重点关注文献组织、服务统计、服务绩效与服务监督几个方面。

一、文献组织

早在 1967 年，美国图书馆协会（ALA）、加拿大图书馆协会和英国特许图书情报学会（UK Chartered Institute of Library and Information Professionals）联合出版了《英美编目条例》（*Anglo-American Cataloguing Rules*，简称 AACR1），为适应网络化和文献著录标准化的需要，1978 年出版了 AACR2。为了适应新的编目环境的需要，AACR2 从 2004 年起进行了全面的修订，并于 2005 年正式更名为《资源描述与检索》（*Resource Description and Access*，简称 RDA），2010 年 6 月发布了 RDA 网络版，目前已成为世界性的资源描述与检索的内容标准。1989 年，为改善少儿文献资源服务，ALA 出版了《少儿资源编目工

---

① 王晔. 从空间到场所——社区图书馆场所认同危机与重塑策略[J]. 图书馆工作与研究，2015(12):43－47.

② 李保东. 社区新型公共电子阅览室可持续发展研究——基于东莞地区读者调查的启示[J]. 图书馆学研究，2015(8):17－23.

具》（*Cataloging Correctly for Kids：An Introduction to the Tools*），此后多次修订，目前最新的版本是2010年修订后的第五版。2010年3月，ALA参考和用户服务协会发布《书目制作指南》（*Guidelines for the Preparation of a Bibliography*）。我国《公共图书馆服务规范》规定“开架图书提倡按《中国图书馆分类法》分类号顺序排列整齐”。《中国图书馆分类法》是我国图书馆界使用最为普遍的一种图书分类法，图书和期刊著录分别有国家标准《普通图书著录规则》和《连续出版物著录规则》。就目前我国社区图书馆的情况而言，纸质文献是社区图书馆的主要馆藏，在建立了总分馆制的地区，电子文献以共享总馆的电子文献为主，社区图书馆无须自行进行建设和组织。因此，我国《社区图书馆服务规范》主要针对纸质文献的管理进行了规定，要求文献应采取学科、主题等分类方式规范排架，开架借阅，保持架位整齐。新书配送到馆后应在2个工作日内上架，期刊应在2个工作日内记到上架，报纸当天上架。此外还要求做好防盗、防尘、防潮、防虫等文献保护工作。这一规定其实是社区图书馆开展最基本的图书借阅服务的必备条件，但在实践中由于经费短缺，一些社区图书馆图书更新迟缓或者几年得不到更新，有的则全部为捐赠图书，导致很多社区图书馆并没有按规范将图书排架，或仅是进行了简单分类，甚至一些社区图书馆没有书架陈列而只能将图书堆放或弃置，图书管理质量堪忧，严重影响了公众对图书的利用。

二、服务统计

服务统计即图书馆的业务统计，是图书馆管理的重要内容之一，通常指运用统计学方法和理论进行资料收集、汇总和数据分析，通过一系列图书馆统计指标来反映图书馆各项工作的完成情况，并通过分析统计指标间的各种数量关系对图书馆工作的静态、动态和趋势进行数量描述，从而发现问题、找出规律①，为图书馆决策、规划、制度制定提供可靠的数据支持，是图书馆资源组织、改善服务和提高效益的前提。科学、实用的统计规范直接关系到统计数据的准确性与有效性。近年来，我国也陆续出台了相关的图书馆统计标准，用以指导图书馆统计工作的开展。

---

①　陈微.图书馆统计工作与科学管理[J].中国统计,2010(10):52.

1. 图书馆统计的国际标准

1974 年，国际标准化组织发布了 ISO 2789《信息与文献 图际图书馆统计》，对图书馆统计的项目及所采用的方法进行了标准化。此后分别于 1991 年、2003 年、2006 年及 2013 年进行了扩充与修订，目前最新版本是 2013 年修订的第 5 版——ISO 2789：2013《信息与文献 国际图书馆统计》，该版本经过了技术修订，克服了 ISO 2789：2006 在实际应用中存在的问题，并在指标的设定上考虑了图书馆服务的新发展。总体来讲，ISO 2789《信息与文献 国际图书馆统计》从只关注图书馆投入到注重对图书馆产出、利用和可获取性数据的统计，不仅兼顾了传统的图书馆资源与服务，而且更多地关注了图书馆数字资源和基于网络的服务。

2. 图书馆统计的国家标准

2009 年 3 月 13 日，中国国家质检总局和国家标准化管理委员会联合发布 GB/T 13191—2009/ISO 2789：2006《信息与文献 图书馆统计》，并于 2009 年 9 月 1 日起正式实施，替代了 1991 年版国家标准 GB/T 13191—1991《情报和文献工作机构统计标准》，旨在为图书馆与信息服务领域收集统计数据、提交统计报表工作提供指导，适用于我国各级各类图书馆和信息服务机构。与 1991 年《情报和文献工作机构统计标准》相比，GB/T 13191—2009/ISO 2789：2006《信息与文献 图书馆统计》与国际标准 ISO 2798：2006 接轨，增加了反映图书馆工作变化的图书馆电子资源与服务以及其他若干统计项目，规定了 ISO 11620《信息与文献——图书馆绩效指标》中所需要的统计数据。遗憾的是，该标准发布后，并没有在国家层面得到具体落实。2011 年，文化部主持开展了《公共图书馆基本情况年报》（又称《文基 03 表》）和《文化站基本情况年报》的统计工作，其中《公共图书馆基本情况年报》包括从业人员、藏量、电子图书、本年新增藏量、本年新增电子图书、当年购买的报刊种类、有效借书证数、总流通人次、书刊文献外借册次、为读者举办各种活动、计算机台数、阅览室座席数等 23 个大项、90 多个小项的数据，但该统计工作仅针对县及县以上公共图书馆；《文化站基本情况年报》虽然包括乡镇综合文化站的业务年报，但统计指标与图书馆相关的仅有“藏书”和“计算机”两个指标。

3. 乡镇图书馆统计指南

2010 年 6 月，全国图书馆标准化技术委员会申请立项的国家质检总局公益性行业科研项目“我国乡镇、社区图书馆管理标准研究”启动，文化行业标准《乡镇图书馆统计与评估指南》是该课题五个子项目之一，其成果《乡镇图书馆统计指南》（WH/T 69—2014）已由文化部于 2014 年 8 月 26 日发布，2014 年 11 月 4 日正式实施。《乡镇图书馆统计指南》的制定主要参考了 GB/T 13191—2009《信息与文献 图书馆统计》的部分内容，对乡镇图书馆业务统计数据报告、统计数据收集进行了规范，规定了乡镇图书馆业务统计各项指标的定义，并对各项指标的统计要求给出了明确规定，还提供了“乡镇图书馆统计年报表”样式，以指导乡镇图书馆规范地收集、汇总、上报业务统计数据。该标准适用于乡镇图书馆和乡镇综合文化站的图书室，街道图书馆（室）、社区图书馆（室）、村图书馆（室）、乡镇民办图书馆（室）可参照使用，统计指标包括基础设施、现代化技术设备、人员、经费、馆藏资源、普通服务、社会教育活动等 7 个大项和近 50 个小项。

到目前为止，我国还没有制定单独的社区图书馆统计规范，仅在《社区图书馆服务规范》中规定“社区图书馆应按照常规化、标准化的原则，按日、月、年定期做好服务数据统计工作，包括服务资源、文献借阅、电子阅览、信息咨询、读者活动等。统计资料及工作记录应及时收集、整理，建立业务档案”。在实践中一些社区图书馆由于经费投入不稳定，生存与持续发展仍是其最重要的问题，因而无力关注统计业务；设备简陋，自动化程度不高，无法利用自动化系统进行统计，只能依靠人工，但工作原始记录缺乏，交接保存不善；工作人员流动性大，专业化程度不高，业务工作不够规范，导致统计工作欠缺①。这应该是社区图书馆等基层图书馆统计工作中存在的普遍现象。业务统计数据是图书馆进行服务绩效评价的基础，统计工作做不好，会直接影响图书馆的服务绩效评价。

---

① 朱淑华. 公共图书馆业务统计工作探讨[DB/OL]. [2018－09－07]. http://www.chinalibs.net/ArticleInfo.aspx?id=195383.

三、服务绩效

公共图书馆的绩效评估通常有输入或输出两种衡量标准，所谓输入标准，主要用来评价图书馆的资源投入，如馆藏量、期刊数量、馆员人数、购书经费、计算机数量、馆舍面积等；输出标准主要用来评价图书馆的产出、利用和可获取性，如持证读者数、图书外借量、流通人次、活动举办次数等。21世纪以来，随着人们对图书馆社会效益的日益重视，公共图书馆绩效评估也从过去注重评估资源投入转而向重视服务效率、效能的评估方向发展，输出标准成为图书馆绩效评估的重要指标。本节重点讨论有关服务绩效的输出性指标。

1. 国外公共图书馆绩效评估标准

1998 年，国际标准化组织发布了 ISO 11620《信息与文献 图书馆绩效指标》（以下简称 ISO 11620：2014），此后分别于 2003 年、2008 年及 2014 年进行了扩充与修订，提供适用于任何类型图书馆的公认的、经过验证和可公开获取的方法和途径来测量一系列的图书馆服务性能。该标准列出了包括资源、获取与设施，利用，效率，潜力与发展 4 个大类的 52 项绩效评估指标（见表 4 – 1），并对各指标和所需数据的收集和分析做了详细描述。例如，“人均访问图书馆量”用以评估图书馆服务对用户的吸引力，指图书馆全年的总访问量（包括实体访问量和虚拟访问量）除以服务人口的总数；“人均参加图书馆活动次数”用以评估图书馆活动对用户的吸引力，指图书馆全年参加活动的总人数除以服务人口总数乘以 1000，其中活动包括在线活动，但不包括展览；“人均参加图书馆培训次数”用以评估图书馆用户培训的服务效率，指一定时间段内（通常为一年）参加用户培训的总人数除以服务人口总数乘以 1000，其中用户培训是指针对图书馆服务或信息技术服务而开展的用户培训课程；“人均借阅量”用以评估馆藏使用率和图书馆利用馆藏的能力，指全年的借阅总量除以图书馆服务人口总数，其中“借阅”是指以非电子形式（如图书）或物理载体和其他设备（如电子阅读器）上的电子文件直接借出或递送给用户，或在限定时间内将电子文件（如电子书）传送给用户。

表 4-1 ISO 11620：2014《信息与文献 图书馆绩效指标》指标列表

B1 资源、获取与设施	
B1. 1 馆藏	所需文献的可获得性
	所需文献占馆藏比率
	电子资源拒绝访问比率
	每千份文献数字化比率
	机构资源库中所有者机构出版物的百分比
B1. 2 获取	排架准确率
	从闭架书库检索文献所需时间中位数
	馆际互借速度
	馆际互借成功率
	参考咨询应答速度
	通过网络访问珍藏的比率
	可用珍藏比率
	需要进行保护/修复的珍藏比率
B1. 3 设施	人均使用面积
	人均拥有座位数
	开放时间与需求时间比率
	具备藏书条件的面积占总面积比率
B1. 4 人员	人均配备的图书馆员人数
B2 利用	
B2. 1 馆藏	馆藏周转率
	人均借阅量
	未使用馆藏比率
	人均电子文献下载量
	单位电子文献下载次数
B2. 2 获取	人均访问图书馆量
	非服务区域用户占总用户比率
	非服务区域用户借阅量与总借阅量比率
	人均参加图书馆活动次数
	人均参加图书馆培训次数
B2. 3 设施	座位使用率
B2. 4 总体情况	使用图书馆服务的人口比例率
	用户满意度
	用户对参考咨询的持续使用意愿
B3 效率	
B3. 1 馆藏	馆藏单次使用成本
	馆藏单次获取成本
	单次下载成本
B3. 2 获取	文献获取所需时间的中位数
	文献处理所需时间的中位数
B3. 3 人员	用户服务人员占员工总数的比率
	参考咨询回复正确率
	采访支出与人员成本的比率
	员工的媒体处理能力
	员工的借阅和服务交付能力
	单位资源编目的人工成本
B3. 4 总体情况	用户人均成本
	单次访问成本
B4 潜力与发展	
B4. 1 馆藏	电子资源支出占信息提供总支出的比率
B4. 2 人员	提供电子资源服务的馆员比率
	馆员参加正试培训课程的时间
	馆员培训时间占工作时间的比率
	参加合作伙伴和项目的馆员比率
B4. 3 总体情况	特殊资助或额外收入占图书馆总收的比率
	图书馆收入占其资助机构收入的比率

目前，ISO 11620：2014 被各国图书馆界广泛采用，已成为各国制定图书馆绩效评估标准的主要依据。

英国《公共图书馆服务标准》列出了两项有关服务的输出性指标。一是图书馆需求满足率，即指定天数内读者可获取到预约图书的比例，规定 7 天内可获取到预约图书的比例为 50%，15 天内可获取到预约图书的比例为 70%，30 天内可获取到预约图书的比例为 85%。7 天、15 天、30 天指从读者预约图书到被告知图书可获取的时间。二是平均每千人的到馆人次，规定内伦敦区为 7650 人次（或者增加 6800 人次），外伦敦区为 8600 人次，大都市区为 6000 人次，自治市镇为 6300 人次，郡县地区为 6600 人次。考虑到公共图书馆有可能与其他文化机构共享空间和设施，DCMS 对到馆人次进行了界定：如果图书馆不是多功能服务中心，或者没有其他服务整合到图书馆所占据的空间中，那么对图书馆的所有访问量都将计算在内；如果图书馆空间整合了其他服务或图书馆是综合服务中心的一部分，则只能将那些使用图书馆服务的人列为图书馆访问者，这些服务包括：借阅资料、使用计算机终端、查询馆藏信息、参加课程学习；参加读者活动以及由图书馆组织的会议、展览、音乐会或其他文化活动或社区活动，或者使用为图书馆功能留出的空间用于任何其他目的。在计算方法方面，为了保证数据的一致性和稳定性，DCMS 提倡进行全年统计，建议使用电子计数，对于不能进行全年统计的图书馆应根据相关规定进行抽查。对于多服务点，图书馆应报告其所有服务点的总访问量（包括到访多功能服务中心但未访问图书馆的用户），这些数据不会构成评估标准的一部分，但有助于了解总体的使用情况。此外，虚拟访问量由于技术等原因暂未纳入统计范围，但图书馆还应提供图书馆网站的访问量①。

在《澳大利亚公共图书馆标准和指南》中涉及服务绩效的标准主要有：一是图书馆会员占服务人口的百分比，基础目标为 45%，增强目标为 50%。其中会员是指注册使用图书馆服务的人，那些因旅游或工作而临时居住的人不统计在内，没有注册而使用图书馆服务或参加图书馆活动的人也不计算在内，这部分用户将被统计到有关访问量的指标中。二是年人均访问量，即年人均访问实

① Department for Culture, Media and Sport. Public library service standards [EB/OL]. [2018 - 08 - 17]. http://www.culture.gov.uk/images/publications/PulbicLibraryServicesApril08.pdf.

体图书馆的次数，基础目标为 5.2 次，增强目标为 6.3 次。这里的访问是指"用户亲自访问"，包括对图书馆建筑和移动图书馆的访问。对于虚拟访问，即对图书馆网站和电子资源的访问，由于还没有全国性的评估和连续的数据集用以得出目标数据，因而暂未纳入评估范围。三是年人均借阅量，基础目标为 8.2 册，增强目标为 10.1 册。鉴于前述的原因，目前电子资源的借阅量还暂未纳入评估范围①。

2. 国内公共图书馆绩效评估标准

我国图书馆绩效评估的理论研究起步于 20 世纪 80 年代中期，实践工作开始于 1991 年的普通高校图书馆评估。在公共图书馆领域，国家图书馆于 2000 年参照 ISO 11620 研究起草了《国家图书馆绩效评估指标体系》，内容分为资源、基础业务工作、业务研究、管理、读者服务 5 大部分，从国家图书馆现状和未来发展的高度，全方位、多角度地进行了各个项目的指标设置②，将"绩效评估"的概念真正引入公共图书馆。在国家层面，1993 年，文化部社图司主持制定了《全国公共图书馆评估标准》，并开展了每 4 年一次的县级以上公共图书馆评估，每一次评估活动开展后都会做出相应的调整和修改，指标的设定逐渐由以建设性为中心转向以效能为中心，尤其是 2017 年开展的第六次全国县级以上公共图书馆评估定级，在评估标准中服务效能的比重大大增加。2012 年 12 月 31 日，国家质量监督检验检疫总局、国家标准化管理委员会发布了新的国家标准 GB/T 29182—2012/ISO 11620：2008《信息与文献 图书馆绩效指标》（以下简称 GB/T 29182—2012），并于 2013 年 6 月 1 日正式实施，成为我国第 1 版图书馆绩效指标国家标准。此外，2012 年 5 月 1 日起正式实施的《公共图书馆服务规范》（GB/T 28220—2011）中的服务效能部分对服务效率也作了具体规定。

在地方层面，一些省市自行制定的公共图书馆服务标准对服务绩效也做

① Australian Library and Information Association. Beyond a quality service：strengthening the social fabric—standards and guidelines for Australian public libraries[EB/OL].[2018-08-17]. https://www.alia.org.au/sites/default/files/documents/Publishing/Archivedreports/PLSG_ALIA_2012.pdf.

② 李建霞，陈福蓉. 国内图书馆绩效评价指标体系研究[J]. 图书与情报，2013(1)：65-69.

了相应的规定，如《安徽省公共图书馆服务标准》、《江西省公共图书馆服务规范》（DB 36/T 721—2013）、浙江省《公共图书馆服务规范》（DB 33/T 2011—2016）、《重庆市公共图书馆服务规范（试行）》等。在县以下基层图书馆服务绩效评价方面，我国还没有针对性的国家标准，仅在《社区图书馆服务规范》中进行了简单的原则性规定；此外，一些沿海经济发达地区出台并实施了适合当地基层图书馆发展的考核评估标准，其中也包括了有关服务绩效的考核。例如，《深圳市基层图书馆(室)达标定级评估标准》《嘉兴市图书馆乡镇分馆考核细则》《上海市街道(乡镇)图书馆评估考核标准（2015 年版)》等。

（1）全国公共图书馆评估标准中的服务绩效考核标准

截至 2018 年，每四年开展一次的我国县级以上公共图书馆评估定级工作共计已开展了六次，评估标准也随着图书馆事业的发展不断地进行相应的调整和修改，指标的设定逐渐由以建设性为中心转向以效能为中心。以第六次评估标准为例，在服务效能部分设置了多项有关服务绩效的输出性指标，且多为量化指标，因而更具可操作性。由于评估指标是针对县级以上公共图书馆的，因此有些指标并不适用于社区图书馆，其中与社区图书馆服务关系较为密切或较为适用社区图书馆的指标如表 4 -2 所示。

表 4 -2　第六次全国县以上公共图书馆评估标准中部分服务绩效指标

序号	指标名称	指标解释
1	持证读者占比	持续读者数/服务人口数 ×100
2	年读者人均到馆量	年到馆总人数/服务人口数
3	年文献外借量	
4	年文献流通率	年流通总册次/馆藏书刊总量
5	年讲座、培训次数	
6	年阅读推广活动次数	
7	年数字阅读量占比	年数字资源借阅总次数/年各类文献借阅总次数 ×100

（2）GB/T 29182—2012/ISO 11620：2008《信息与文献 图书馆绩效指标》

GB/T 29182—2012 等同采用国际标准 ISO 11620：2008，从图书馆资源、获取与设施、利用、效率、潜力和发展 4 个方面规定了 45 项图书馆绩效指标（见表 4 -3）。其中在附录 A 提供的绩效指标一览表中，按照平衡计分卡方法，对这些绩效指标进行了分组划分和排列；附录 B 则对这些指标进行了详细说明。在适用范围方面，GB/T 29182—2012 适用于我国各种类型图书馆，但并不是所有的绩效指标都适用于每类图书馆，因此，在附录 B 中还列出了每个绩效指标的适用范围。

表 4-3　GB/T 29182—2012/ISO 11620：2008《信息与文献 图书馆绩效指标》指标列表

类别	指标
B1 资源、获取与设施	
B1.1 馆藏	所需文献可获得性
	所需文献占馆藏的比例
	主题目录检索成功率
	被拒会话比率
B1.2 获取	排架准确性
	闭架书库索取文献时间的中位数
	馆际互借速度
	馆际互借成功率
B1.3 设施	千人人均工作站数
	人均可使用工作站时数
	用户人均面积
	千人人均座位数
	实际开放时间与需要开放时间之比
B1.4 员工	用户千人拥有图书馆员工数
B2 利用	
B2.1 馆藏	馆藏流通率
	人均借阅量
	呆滞馆藏量
	人均内容单元下载量
	馆内人均使用量
B2.2 获取	人均到馆率
	通过电子方式提交信息请求的比率
	外部用户比率
	外部用户借阅率
	用户人均参加图书馆活动次数
	用户人均参加培训次数
B2.3 设施	公共座位利用率
	工作站利用率
B2.4 总体情况	服务目标人群比率
	用户满意度
B3 效率	
B3.1 馆藏	借阅平均成本
	数据库访问平均成本
	内容单元下载平均成本
	到馆服务平均成本
B3.2 获取	文献采访时间的中位数
	文献加工时间的中位数
B3.3 员工	开展用户服务的员工占总员工的比例
	回答正确率
	文献采访支出与员工成本比率
	员工文献加工能力
B3.4 总体情况	用户人均成本
B4 潜力与发展	
B4.1 馆藏	图书馆用于购买电子资源的支出占图书馆文献采访总支出的比率
B4.2 员工	提供电子服务员工占员工总数比率
	员工接受正规培训人均时数
B4.3 总体情况	图书馆通过专项拨款或创收获得的经费比率
	资助机构拨付给图书馆的经费的比率

GB/T 29182—2012 在适用范围说明中还强调，本标准并未覆盖图书馆服务、活动和资源利用的所有绩效指标，因为在本标准制定时有些绩效指标尚未提出或得到验证，因为有些绩效指标尚不符合标准的要求。

(3)《公共图书馆服务规范》中对于服务绩效的规定

《公共图书馆服务规范》第 6 条“服务效能”中的“服务效率”部分对服务的输出性指标进行了规定，其中定量指标有：一是文献加工处理时间，以文献到馆至文献上架（或上线）服务的时间间隔计。其中，报纸到馆当天上架服务，期刊到馆 2 个工作日内上架服务，省级馆、地级馆及县级馆分别在图书到馆 20 个、15 个、7 个工作日内上架服务。二是闭架文献获取时间，以读者递交调阅单到读者获取文献之间的间隔时间计。闭架文献提供不超过 30 分钟，外围书库文献提供不超过 2 个工作日。古籍等特种文献，另按相关规定执行。三是开架图书排架正确率，省级馆、地级馆及县级馆的开架图书排架正确率分别不低于 96%、95%、94%。四是文献提供响应时间，以收到读者文献请求至回复读者之间的时间计。响应时间不超过 2 个工作日，并告知读者文献获取的具体时间。五是参考咨询响应时间，以收到读者咨询提问至回复读者之间的时间计。现场、电话、网上实时咨询需在服务时间内当即回复读者，其他方式的咨询服务的响应时间不超过 2 个工作日。此外，对馆藏外借量、人均借阅量、电子文献使用量给予了指导性规定。

(4) 地方性图书馆服务标准中对服务绩效的考核

在地方性的图书馆服务标准或规范中，省级馆的服务规范基本遵循了《公共图书馆服务规范》中的规定，并对一些指导性标准根据当地情况进行了量化，如《江西省公共图书馆服务规范》对馆藏外借量进行了量化规定，标准为省、市、县级图书馆书刊文献年外借册次分别不少于 60 万、20 万、6 万，年流通总人次分别不少于 100 万、30 万、6 万①；《安徽省公共图书馆服务标准》则规定省、市、县级图书馆年外借册次分别不低于 80 万、20 万、8

① 江西省文化厅. 关于印发《江西省公共图书馆服务规范》的通知[EB/OL]. [2018-08-17]. http://xxgk.jiangxi.gov.cn/bmgkxx/swht/gzdt/zwdt/201403/t20140312_1021497.htm.

万，年流通总人次分别不低于 100 万、20 万、15 万①。

一些地区的基层图书馆考核办法各有特色，也充分体现了当地基层图书馆的服务水平。典型的如《上海市街道（乡镇）图书馆评估考核标准》，该标准于 1997 年制定，并先后开展了 6 次全市性街道（乡镇）图书馆评估考核工作，评估考核标准也随着公共图书馆事业的发展做了修订。以其 2015 年版考核标准为例，设置的有关服务的输出性指标包括：读者到馆人次占街镇常住人口百分比、图书借还册次、图书开架率与排架、读者活动次数、推荐优秀文献信息发布次数等。其中，图书借还册次按常住人口 5 万以下、5 万—10 万、10 万以上分别设定不同的分值指标；推荐优秀文献信息发布次数是该标准独有的指标②。

2008 年，为改善市本级乡镇分馆办馆条件、服务质量、促进农村公共图书馆事业发展，嘉兴市文化广电新闻出版局发布《嘉兴市图书馆乡镇分馆考核细则（试行）》，并依据该细则对乡镇分馆进行考核，2009 年又根据考核结果对考核细则进行修订，发布了《嘉兴市图书馆乡镇分馆考核细则》。在修订后的细则中对乡镇图书馆服务考核的输出性指标包括：一是年有效读者证数量，规定年有效读者证数量在 1200 张以下、1400 张以上、1800 张以上分别给予 2 分、4 分和 5 分的标准分值；二是年外借册次，分别设置 4 万人次及以下、5 万人次、6 万人次三个分值等级；三是年流通人次，分别设置 8 万人次及以下、10 万人次、12 万人次三个分值等级；四是导读工作，规定每年向读者推荐优秀图书、开展读者咨询工作分别为 5 次以上和 10 次以上得 2 分、7 次以上和 12 次以上得 3 分，10 次以上和 15 次以上得 4 分；五是读者活动，规定开设阵地活动项目 1 个、2 个、3 个对应分值分别为 2 分、3 分和 4 分；六是文化共享工程，规定每月组织播放文化共享工程数字资源 4 次、6 次、8 次分别对应分值 2 分、3 分和 4 分。

① 安徽省文化厅. 安徽省公共图书馆服务标准[EB/OL]. [2018 - 08 - 17]. http://www.ahwh.gov.cn/zwgk/bzgf/22948.shtml.

② 上海市奉贤区文化广播影视管理局. 关于开展第六轮街道(乡镇)图书馆评估考核工作的通知[EB/OL]. [2018 - 09 - 18]. http://www.fengxian.gov.cn/shfx/Zfxxgk/20160125/005002015_32218437-7715-4e15-ad07-44569e0edfc1.htm.

(5) 制定社区图书馆服务绩效指标应注意的问题

首先，国家级和省级的标准为社区图书馆服务绩效评估提供了整体的框架和规范，也为社区图书馆绩效评估指标设定提供了一定的选择基础；而各地基层图书馆的评估实践则为社区图书馆绩效指标的验证或增加新的指标提供了样本。然而遗憾的是，目前我国还未开展过专门针对县级以下公共图书馆的全国性的评估工作，自行实施基层图书馆评估或考核的地区数量较少，在社区图书馆等基层图书馆的服务绩效评估方面还需要积累更多的经验。

其次，由于图书馆绩效指标与图书馆统计标准之间存在着相互的关联性，图书馆绩效指标应以图书馆统计标准为基础。图书馆统计标准规定了图书馆收集、汇总、上报业务统计数据的标准，规范了图书馆绩效评估所要求的数据提供，因而两类标准各有侧重，共同构成对图书馆投入、产出和咨询，即图书馆工作进行质量评估的不可或缺的标准和工具①。

最后，要注意图书馆绩效评估标准的动态化和本地化特征。所谓本地化，即评估标准要与当地图书馆发展实际水平相符，要根据本地实际情况制定适宜的绩效评估标准，才能起到促进图书馆事业发展的作用；所谓动态化，即图书馆绩效评估指标是随着新技术、社会环境及图书馆自身的发展而持续发展的，这种发展不仅仅体现在指标的持续更新上，还体现在评估方法的创新上，因此，评估标准要随着社会环境和信息环境的变化进行适时的修正，才能真正发挥评估活动对图书馆事业发展的促进作用。

四、服务监督与反馈

1. 监督途径和方法

监督途径和方法通常包括如下几种：一是设置意见箱和意见本，在一定时间段内整理汇总；二是公开投诉电话，即公开图书馆领导或负责人的电话，接受读者投诉；三是利用多种媒介进行读者意见和建议的收集，如 QQ 群、微信群、馆长信箱、在线咨询、微博、博客等；四是面对面征询，如通过读

---

① 张红霞. 国际图书馆服务质量评价:绩效评估与成效评估两大体系的形成与发展[J]. 中国图书馆学报,2009(1):78 －85.

者座谈会或访谈等形式征询读者意见或建议。

我国《公共图书馆服务规范》规定的监督途径和方法包括：在馆舍显著位置设立读者意见箱（簿），公开监督电话，开设网上投诉通道，建立馆长接待日制度，组建社会监督员队伍，定期召开读者座谈会。要求图书馆认真对待并正确处理来自读者的意见或投诉，在5个工作日内回复并整改落实。《社区图书馆服务规范》则规定社区图书馆应设立读者意见箱（簿），公开监督电话，每年至少应召开一次读者座谈会，对读者意见或投诉应在5个工作日内回复并落实。

2. 读者满意度

读者满意度主要指读者对图书馆服务、资源、建筑、设施设备等的可感知的效果与其期望相比较后所形成的感觉状态，通常采用发放读者调查问卷的方法来测量读者满意度。ISO 11620：2014 推荐了两种方法用于测量读者满意度：一是直接测量法，即设计一个简单的问卷要求用户回答，数据收集可通过邮寄问卷、电子问卷、面对面访谈或电话访谈来进行；二是采用差距分析法，即设计一份问卷，询问用户对当前服务的评级问题，可通过4级量表（从1级到4级，1是最低级）、5级量表（从1级到5级，1是最低级）或7级量表（从1级到7级，1是最低级）来回答问题。

《澳大利亚公共图书馆标准和指南》规定，用户满意度是对图书馆服务的单一和简单的测量，图书馆仅对用户提出一个问题，即“你对图书馆服务有什么看法”，用户可从以下5个选项中任选1个作为回答，即非常好、好、满意、差、很差。该标准确定的基础目标为95%的用户认为图书馆服务“非常好”或“好”，增强目标为98%的用户认为图书馆服务“非常好”或“好”。该标准认为类似这样简单的问卷调查应定期举行，并建议每两年举行一次①。英国《公共图书馆服务标准》规定，16岁以上用户对图书馆服务评价分为5个等级，即非常好、好、尚可、差、非常差，要求94%以上的用户

① Australian Library and Information Association. Beyond a quality service: strengthening the social fabric—standards and guidelines for Australian public libraries[EB/OL]. [2018-08-17]. https://www.alia.org.au/sites/default/files/documents/Publishing/Archivedreports/PLSG_ALIA_2012.pdf.

对图书馆服务评价为“非常好”或“好”；16岁以下用户对图书馆服务评价分为三个等级，即好、尚可、差，要求87%以上的用户对图书馆服务评价为“好”。值得一提的是，2004年在进行儿童服务满意度调查时，提出将修改原来设定的77%的目标；2007年12月，此项标准被提高到90%，应用年限为2007年至2008年；但实际统计的满意度低于90%，因此，此项标准最终被修订为87%①。

我国GB/T 29182—2012中设定了“用户满意度”指标，并将其定义为“用户对图书馆整体服务或各项服务的满意度进行等级划分的平均值”。测量方法为设计一个简单的调查问卷，列出所要评估的特定服务或服务的几个方面。调查问卷可采用4级量表（从1级到4级，1是最低级）、5级量表（从1级到5级，1是最低级）或7级量表（从1级到7级，1是最低级）。计算方法为用户对每项服务打分的分值的总和除以回答问题的人数，按四舍五入法取整数。

我国《公共图书馆服务规范》规定，在读者满意度调查表中读者对图书馆满意度的选项分为“满意”“基本满意”“不满意”三项。读者满意度以参与问卷调查的读者中选择“基本满意”和“满意”的人数占调查总人数的比例计。在调查表发放数量上，省、地市、县级图书馆分别不少于500份、300份、100份，回收率不低于80%。各级公共图书馆的读者满意度应在85%（含）以上。公共图书馆每年应进行一次读者满意度调查，可自行或委托相关机构向馆内读者随机发放读者满意度调查表。《社区图书馆服务规范》规定，社区图书馆每年至少进行一次读者需求和服务满意度调查，调查表发放数量不少于100份，回收率不低于80%（含），满意度不低于85%（含）。在2017年举行的第六次全国县级以上公共图书馆评估定级工作中，要求参评图书馆按照统一的读者满意率调查表，就图书馆设施设备、馆藏资源、服务内容、服务质量和员工素质等情况征询读者意见。读者满意率被作为图书馆评估等级必备条件之一，一级图书馆要求达到85%，二级图书馆要求达到

---

① Department for Culture, Media and Sport. Public library service standards [EB/OL]. [2018-08-17]. http://webarchive.nationalarchives.gov.uk/20081023183056/http://www.culture.gov.uk/images/publications/PulbicLibraryServicesApril08.pdf.

75%。其中县级图书馆最低分值为 20 分，要求读者满意率达到 70%，达到 90% 为 40 分，达到 95% 以上加 5 分。

以用户需求为导向，尊重用户的信息反馈是提升图书馆服务质量的重要途径。因此，进行读者满意度的调查不是最终目的，重要的是通过对调查结果的分析来改进服务方式，提高服务质量。我国《公共图书馆服务规范》强调“公共图书馆应对回收的读者满意度调查表进行分析，针对薄弱环节提出整改意见”，并建议调查数据应系统整理，建档保存，以备日后对比和研究之用。以浦东图书馆为例，该馆于 2012 年 7 月 19 日在各楼层阅览区发放纸质调查问卷，以匿名方式在全馆范围内进行读者满意度调查。通过对回收的问卷中答题缺项情况的分析，发现众多自带资料学习的读者，因不了解或从未参加过专题讲座和电影放映活动，导致调查问卷中“读者活动”缺项率最高，原因则是图书馆服务营销不到位所致，因而图书馆提出将宣传推广工作融入各个工作环节，通过服务营销传播提升图书馆知晓度和美誉度的整改办法①。

① 信丹丹. 读者满意度评价中的缺项分析与思考——以上海浦东图书馆为例[DB/OL]. [2018-08-17]. http://www.chinalibs.net/ArticleInfo.aspx?id=361263.

第五章　株洲市图书馆社区服务实践

株洲，古称“建宁”，湖南省辖地级市，下辖5县4区和1个国家级高新区、1个“两型社会”建设示范区，总面积1.12万平方公里，是长江中游城市群成员和长株潭城市群三大核心之一。株洲市历史文化悠远厚重，远古时期就有先民生息繁衍，有6000年前新石器时代早期的大溪文化遗址和4000多年前新石器时代晚期的龙山文化遗址，中华始祖炎帝农耕文化、茶祖文化、医药文化、国际国内享有盛誉的釉下五彩陶瓷文化与烟花文化，以及孕育了几千年的儒家理学孝善文化等，使其成为中华民族优秀传统文化的重要发祥地，也是湖湘文化的重要组成部分。株洲现有人口408万，属散杂居民族地区，有46个少数民族，常住少数民族人口约占全市总人口的0.56%，民族民俗文化异彩纷呈。作为井冈山革命根据地的重要组成部分，株洲积淀了深厚的红色文化资源，“朱毛会师”就在炎陵县十都镇，茶陵县苏维埃工农兵政府是第一个县级红色政权，涌现出了左权、李立三、谭震林、耿飚等一大批革命家。作为新中国八大老工业基地之一，株洲素有“中国电力机车的摇篮”之称，拥有丰富的工业文化遗产，工业文明在株洲的地方文化中具有鲜明特色，并占据重要地位。

近年来，株洲市大力加强公共文化服务体系建设，2015年8月成功入选第三批创建国家公共文化服务体系示范区名单，成为湖南省唯一一个入选的城市。在示范区创建过程中，株洲市探索出了一条既符合文化发展规律，又彰显株洲特色的现代公共文化服务体系建设新路径，有效提高了公共文化服务效能。株洲市图书馆作为全市公共文化服务体系的重要组成部分，以社区服务为根本，在促进全市文化建设、满足基层群众文化需求、提升公民文明素养等方面发挥了积极作用，为株洲市创建国家公共文化服务体系示范区做出了重要贡献，走出了一条具有株洲特色的公共图书馆社区服务发展之路。

第一节　株洲市图书馆概况

株洲市图书馆现有馆舍建于1986年，占地面积3900平方米，馆舍面积8216平方米。现有藏书120余万册，其中数字图书30多万册；征订报纸和期刊1171种，自建和外购数字资源37.5TB。根据免费开放制度，株洲市图书馆设有综合外借处、少儿阅览室、报刊阅览室、地方文献室、展厅、报告厅、诗词馆、音影室、绘本馆、多功能厅等十多个对外开放服务窗口。开展的主要服务项目有文献借阅、信息查询、参考咨询、文化活动等，为广大读者提供多载体、多层次的信息情报服务。

株洲市图书馆常年坚持“您的需求就是我们的追求”的宗旨，突出公益性、便利性、普惠性、均等性原则，持续开展“你读书、我买单”和“E线送书”活动，并成功打造“株洲读书月”“神农大讲坛”“少儿故事大王大奖赛”“书香伴成长 快乐过假期”“小豌豆”“株洲市阅读联合会”等文化活动品牌。2009至2013年，株洲市图书馆连续5年获得全省少年儿童读书活动一等奖和组织奖，多次获“全国文明图书馆”；2013年和2017年，被文化部评为“国家一级图书馆”（2017年湖南省一级图书馆35家）；2012至2014年，连续被评为“全国阅读先进单位”；2014年，被评为“全国文化系统先进集体”和神农大讲坛“湖南省优秀学习载体”；2015年，被评为“全民阅读示范基地”；2018年，被评为“全国学雷锋活动示范点”和“湖南省文明窗口单位”；2017年和2018年绘本馆荣获“全国十佳绘本馆”；2019年被评为“湖南省优秀社会科学普及基地”（全省12家优秀）；多次获得株洲市文明窗口、市直属机关党委先进党组织等；2018年，在原文化部组织开展的第六次全国县级以上公共图书馆评估定级工作中，株洲市图书馆被评为国家一级图书馆。

目前，被列为株洲市“民生100”工程的株洲市图书馆新馆建设项目前期工作已陆续启动，新馆选址位于长株潭三地交汇的云龙示范区，建成后将实现三地图书资源借阅“身份证通”的通借通还服务体系，三地图书馆将联手打造品牌活动，扩大群众参与面和影响力，共同为社区居民提供更为丰富和便捷的文化服务。

第二节　株洲市图书馆社区服务保障机制

一、政策保障

自2015年8月株洲市成功入选第三批创建国家公共文化服务体系示范区名单以来，株洲市委、市政府高度重视，在全面部署、实施创建国家公共文化服务体系示范区的过程中，出台了一系列有关公共文化服务体系建设的规划、意见、方案等政策性文件。为保证公共文化服务的均等化、标准化、数字化和社会化，株洲市致力于基层公共文化服务建设，把更多精力、更多资源向基层倾斜，因而推动基层公共文化设施、资源、服务网络、人才队伍等的建设成为其公共文化服务体系建设相关政策的主要内容，为图书馆及其社区服务的开展提供了重要的政策保障。2019年1月，文化和旅游部公布第三批创建国家公共文化服务体系示范区验收结果，株洲市通过验收，并取得中部地区第一的好成绩。为继续巩固和完善创建成果，株洲市加大公共文化供给侧结构性改革，不断提高公共文化服务效能，包括社区在内的基层公共文化事业发展仍然是其文化政策和规划的重要内容。以下是近5年来株洲市发布的有关公共文化服务体系建设的主要政策性文件，涉及公共文化设施、网点布局、体系建设、资金保障、人才队伍建设、运营管理等多个方面的内容。

2015年10月，株洲市发布《株洲市"十三五"文化事业发展规划》，提出了基本实现城乡基本公共文化服务均等化，全面建成以市级文化设施为标志、县（区）级文化设施为主体、乡镇村基层文化设施为载体的"广覆盖、保基本、功能全"的现代公共文化服务设施，达到国家公共文化服务示范区标准的实施目标。与公共图书馆建设相关的具体目标包括：以"四馆一中心"（市图书馆、博物馆、美术馆、群艺馆、戏剧传承中心）建设为主体，抓好市级公共文化设施建设；打造区域文化"特色馆"，推进县级馆舍提质改造步伐，城市各区完成新改扩建文化馆、图书馆等基础设施建设；大力推动基层文化设施提档升级，以乡镇（街道）综合文化站和基层综合文化服务中心（文化广场）建设为基础，打造功能全、设施全、人员全、资源全、覆盖全的“五全”公共文化服务点。100%的乡镇综合文化站，面积不低于300平方米，且独立设置，70%的村（社区）基层综合文化服务中心面积不低于200平方米，配套建设群众文化活动广场。在服务体系方面，要求以县为单元推进总分馆服务体系建设，建设以县级图书馆、文化馆为总馆、以乡镇（街道）综合文化站为分馆、以村（社区）基层综合文化服务中心为基层服务点的总分馆服务体系。加快图书馆数字化建设，整合数字资源，要求市级公共图书馆建设3个以上地方特色数字资源库，市级文化馆建设2个、博物馆建设2个以上地方特色资源数据库。市级图书馆可用数字资源不低于25TB，县级图书馆可用数字资源不低于3TB，形成阅读网络，与群众的需求进行“无缝对接”①。

2015年12月，株洲市人民政府办公室印发《株洲市创建国家公共文化服务体系示范区建设规划（2015—2017年）》，对株洲市创建国家公共文化服务体系示范区的各项工作任务进行了部署，提出到2017年，率先基本建成“覆盖城乡、便捷高效、保基本、促公平”的现代公共文化服务体系。实现公共文化设施网络全面覆盖，公共文化服务的内容和手段更加丰富，服务质量显著提升，公共文化管理、运行和保障机制进一步完善，政府、市场、社会共同参与公共文化服务体系建设的格局逐步形成，人民群众基本文化权益得到更好保障，基本公共文化服务均等化水平稳步提高，为全省乃至全国同类型城市提供可推广、可复制的示范样板②。

2016年3月，中共株洲市委办公室、株洲市人民政府办公室印发《关于加快构建现代公共文化服务体系的实施意见》，提出到2017年底，完成国家公共文化服务体系示范区创建任务，达到中部标准要求。到2020年，实现公共文化设施网络全面覆盖，人均公共文化体育场地面积达3平方米以上；公

① 株洲市文体广电新闻出版局. 株洲市“十三五”文化事业发展规划[EB/OL]. [2019-09-25]. http://fgw.zhuzhou.gov.cn/zzfgw/38/123/129/content_10509.html.

② 株洲市人民政府办公室. 株洲市人民政府办公室关于印发《株洲市创建国家公共文化服务体系示范区建设规划(2015—2017年)》的通知[EB/OL]. [2019-09-25]. http://zwgk.zhuzhou.gov.cn/articles/1053/2016-1/85707.html.

共文化服务的内容和手段更加丰富，品牌和亮点更加突出，服务质量显著提升；公共文化管理、运行和保障机制进一步完善，政府、市场、社会共同参与公共文化服务体系建设的格局逐步形成，公共文化服务均等化水平稳步提高。同时印发的《株洲市基本公共文化服务实施标准（2015—2020 年）》，对基本公共文化服务项目和硬件设施条件、人员配备等做出了明确规定①。

2016 年 6 月，株洲市文体广电新闻出版局印发《株洲市加快图书馆总分馆建设的方案》，提出“以保障全市居民基本文化权益、满足文化需求为出发点，按照普遍均等、方便快捷的要求，加快构建以株洲市图书馆为总馆，各县市区公共图书馆为中心馆，其他各类型图书馆（室）——包括各街道（社区）图书馆、各机关事业单位图书馆、民营图书馆、24 小时智能书屋、农家书屋等为补充，吸纳大型企业、高校等其他单位图书馆加盟的图书馆总分馆服务体系，以基本形成全市图书馆（室）全覆盖”为总体目标的总分馆建设方案②。

为积极推进文化体制创新，促进基本公共文化服务标准化、均等化、社会化发展，2016 年 3 月，株洲市文体广电新闻出版局、株洲市文学艺术界联合会、株洲市财政局印发《株洲市政府购买公共文化服务实施方案（试行）》，对包括公共图书馆在内的公共文化服务购买主体、承接主体、购买内容、实施程序进行了规定③。

为充分发挥文化志愿者在构建现代公共文化服务体系中的积极作用，鼓励和引导文化志愿服务活动广泛深入开展，推动文化志愿服务常态化、规范化、制度化，提高公共文化服务效能和群众满意度，2017 年 5 月，株洲市文体广电新闻出版局印发《株洲市文化志愿服务网格化管理实施方案》，按照

---

① 中共株洲市委办公室，株洲市人民政府办公室. 关于加快构建现代公共文化服务体系的实施意见[EB/OL]. [2019-09-25]. http://www.zznews.gov.cn/news/2016/0601/214229.shtml.

② 株洲市文体广电新闻出版局. 关于印发《株洲市加快图书馆总分馆建设的方案》的通知[EB/OL]. [2019-09-25]. http://www.zhuzhou.gov.cn/articles/630/2016-6/101054.html.

③ 株洲市文体广电新闻出版局，株洲市文学艺术界联合会，株洲市财政局. 株洲市政府购买公共文化服务实施方案(试行)[EB/OL]. [2019-09-25]. http://zwgk.zhuzhou.gov.cn/articles/1059/2016-3/88015.html.

完整覆盖、便利服务管理、无缝衔接的要求，将一个村或社区划分为一个网格，每个网格确定一名文化志愿者担任负责人进行志愿者招募和培训①。

2017 年 11 月，为推动和促进文化事业健康发展，充分发挥财政资金的扶持、引导和激励作用，规范资金分配流程，保障资金使用安全，株洲市财政局出台了《株洲市市级文化事业发展专项金使用管理办法》。政府购买公共文化产品和公共文化服务、重大公共文化活动、公共文化基础设施维修改造及设备购置、文化事业人才培养等被列入专项资金支持范围②。

2019 年株洲市政府工作报告，将推动图书馆、文化馆、博物馆等公共服务资源共享作为 2019 年政府的重点工作之一。

2019 年 4 月 20 日，中共株洲市委办公室、株洲市人民政府办公室印发《株洲市加快构建文化创新体系推动建设全市域更高水平文明城市的实施方案》，将构建现代公共文化服务体系，丰富群众文化生活作为文明城市创建的主要任务之一，要求加强公共文化服务管理体制和运行机制创新；完善图书馆、文化馆总分馆制；探索建立以理事会为主要形式的法人治理结构；完善政府面向社会购买服务机制；完善公共文化机构社会力量托管机制；建立健全文化志愿服务网格化管理机制；制定现代公共文化服务体系达标建设标准和考核办法，探索建立公共文化服务第三方评价机制③。

二、经费保障

自 2015 年 8 月成功入选第三批创建国家公共文化服务体系示范区名单以来，为确保圆满完成示范区创建各项工作任务，株洲市在《株洲市创建国家公共文化服务体系示范区建设规划（2015—2017 年）》中明确了示范区创建

---

① 株洲市文体广电新闻出版局. 株洲市文体广电新闻出版局关于印发《株洲市文化志愿服务网格化管理实施方案》的通知[EB/OL]. [2019－09－25]. http://zwgk. zhuzhou. gov. cn/web10/site//articles/1302/2017-5/106575. html.

② 株洲市财政局. 关于印发《株洲市文化事业发展专项资金管理办法》的通知[EB/OL]. [2019－09－25]. http://czj. zhuzhou. gov. cn//c10787/20180320/i645359. html.

③ 中共株洲市委办公室，株洲市人民政府办公室. 关于印发《株洲市加快构建文化创新体系推动建设全市域更高水平文明城市的实施方案》的通知[EB/OL]. [2019－09－25]. http://zwgk. zhuzhou. gov. cn//articles/1051/2019-4/121984. html.

的资金扶持措施，即按照有关标准科学测算、常住人口享有基本公共文化服务所必需的资金，纳入财政预算，保障公共文化服务体系建设和运行。公共财政文化事业费投入增长幅度高于财政经常性支出增长幅度，公共文化支出占财政支出的比例稳步提高。设立农村文化建设专项资金。人均文化事业费（按常住人口计算）处于本省领先水平。具体包括如下保障措施：一是完善投入保障。把公共文化服务体系建设纳入市县两级国民经济和社会发展总体规划，加大公共文化服务体系建设经费保障的刚性政策支持力度；二是设立专项资金，制定《株洲市创建国家公共文化服务体系示范区专项资金管理使用办法》，明确公共文化设施、公共文化产品与服务、公共文化科研、公共文化人才队伍建设等方面的分配比例、具体项目和使用办法，切实提高资金的使用效益。创建结束后，将创建经费纳入经常性预算，作为公共文化服务体系建设长效引导资金。市、县两级财政要相应加大文化投入，把公共文化服务体系示范区建设等重点工作的相关费用纳入本级财政预算，保障各项工作的经费投入；三是引导社会投入，出台《关于做好政府向社会力量购买公共文化服务工作的实施方案》，将政府购买公共文化服务资金纳入财政预算，促进公共文化服务提供主体和提供方式多元化。

2016 年 3 月，中共株洲市委办公室、株洲市人民政府办公室印发的《关于加快构建现代公共文化服务体系的实施意见》提出着力支持农村和城市社区基层公共文化服务设施建设，保障基层城乡居民公平享有基本公共文化服务。进一步拓展资金来源渠道，加大政府性基金与一般公共预算的统筹力度，落实从城市住房开发投资中提取 1% 用于社区公共文化设施建设的规定。株洲市房产管理局的统计数据显示，2017 年全市（含 5 县市）完成房地产开发投资 312. 57 亿元①，2018 年则为 399. 57 亿元②。因此，这一举措的落实为完善社区公共文化服务设施开辟了新的资金渠道。

此外，2016 年出台的《株洲市政府购买公共文化服务实施方案（试

---

① 株洲市房产管理局. 2017 年株洲市房地产市场基本情况[EB/OL]. [2019 - 09 - 25]. http://zwgk. zhuzhou. gov. cn/web22/site/articles/1272/2018-2/111003. html.

② 株洲市房产管理局. 2018 年株洲住房与房地产基本情况[EB/OL]. [2019 - 09 - 25]. http://zwgk. zhuzhou. gov. cn/web22/site//attach/0/1901310933333174501. pdf.

行)》将公共图书馆（室）、文化馆（站）、村（社区）综合文化服务中心、农家书屋等的运营和管理纳入政府购买公共文化服务目录，具体包括：藏书（报纸、期刊、图书、古籍、外文）购置和数字资源建设、地方特色数据库建设；馆内设施、设备运行与维护以及门户网站和微信公众平台的构建、运营及维护管理等。例如，2018 年 1 月正式对外开放的区级图书馆——天元区图书馆，就是政府购买公共文化服务的成果，也是湖南省首个社会力量托管的公共图书馆。天元区图书馆于 2017 年底开始由湖南韵动体育产业发展有限公司负责托管运营，因为其美丽而舒适的环境、贴心的服务供给以及丰富多彩的活动开展，受到广大市民尤其是天元区居民的欢迎，被社区居民誉为“株洲最美图书馆”。再如，由政府以购买服务方式每年投入约 40 万元，株洲市文体广新局授权，湖南韵动文化体育产业发展有限责任公司负责投资开发、建设和运营的数字化文化服务平台“韵动株洲”于 2016 年 2 月正式上线。该平台采用“1 + X”模式，“1”即株洲公共数字文体服务平台，“X”即市本级的“四馆一中心”（图书馆、博物馆、美术馆、文化馆和戏剧传承中心）、全民健身服务中心、电影院线和文体社团。

近年来，株洲市公共文化财政投入呈现快速增长态势，2015 年，文化体育与传媒支出 4.51 万元，占全市公共财政总支出的 1.56%，较上年增幅达 34.37%。2016 年全市文化体育与传媒支出 10.76 亿元，人均公共文化财政支出达到 269 元，增幅达 138.44%。2017 年，株洲市文化体育与传媒支出 11.52 亿元，增幅达 7.06%，人均公共文化财政支出达到 286 元，率先完成到 2020 年公共文化财政支出人均 200 元的小康指标①。2016 年至 2018 年，株洲市财政安排示范区创建专项资金 3000 万元，撬动社会各界文化投入达 20 亿元，各县市区财政均安排了 80 万—500 万元不等的创建专项工作经费，新建县级图书馆、文化馆 7 个，乡镇（街道）文化站设置率达到 100%，村（社区）综合文化服务中心建成率达到 97.3%，农家书屋实现了全覆盖。2018 年，株洲市图书馆经费预算为 1578 万元，其中购书经费 220 万元。同时，还有示范区创建经费 142 万元，用于分布在全市的 16 座 24 小时智能书

① 株洲市财政局. 加快完善公共文化服务体系建设[EB/OL].[2019 - 09 - 25]. https://new.qq.com/omn/20190128/20190128A0SF3Z.html.

屋设备更新，以及运行经费 136 万元等专项经费。

三、人才保障

人才队伍建设是图书馆社区服务正常开展的重要保证。早在 2014 年，株洲市文化广电新闻出版局就出台了《关于加强文化人才队伍建设的意见》，提出从 2014 年到 2020 年，用 5 至 6 年时间，采取刚性引进和柔性引进相结合的方式，为基层单位量身定制人才计划，引进急需人才及高层次人才，改善现有文化人才队伍的技术（职称）结构和学历结构；面向基层，采取送出去、请进来和集中轮训、网络培训、在岗继续教育等方式，系统地开展全员培训，全面提高全市文化人才队伍的整体素质①。在创建国家公共文化服务体系示范区期间，采取夯实公共文化服务基本队伍、壮大基层业余文体队伍、强化文化体育志愿者队伍的基层人才队伍保障措施。

2016 年 3 月与《关于加快构建现代公共文化服务体系的实施意见》（株办发〔2016〕5 号）同期发布的《株洲市基本公共文化服务实施标准（2015—2020 年）》规定了公共文化服务的人员配备标准，规定在人员编制方面，县级以上公共文化机构按照职能职责、国家和省有关要求、当地有关部门核准的编制数量，配齐工作人员。其中，业务人员占职工总数不低于 80%。乡镇（街道）综合文化站（中心）每站（中心）配备人员 3 人以上，规模较大的乡镇适当增加。村（社区）综合文化服务中心设有由政府购买的公益文化岗位，至少配置 1 名公共财政补贴的工作人员；在业务培训方面，县级以上公共文化机构从业人员每年参加脱产培训时间不少于 15 天，乡镇（街道）、村（社区）文化专兼职人员每年参加集中培训时间不少于 5 天。

同时，株洲市《关于加快构建现代公共文化服务体系的实践意见》提出要通过推进文化志愿服务弥补基层文化工作人手不足的问题。完善文化志愿者注册招募、服务记录、管理评价和激励保障机制。动员组织专家学者、艺术家、优秀运动员等社会知名人士参加志愿服务，提高社会影响力。各级公共图书馆、文化馆、博物馆每馆要成立 1 支登记注册、管理规范的文化志愿

---

① 株洲市文化广电新闻出版局. 关于加强文化人才队伍建设的意见[EB/OL]. [2019 - 09 - 25]. http://zwgk.zhuzhou.gov.cn/web10/site//articles/1302/2014-1/81245.html.

者队伍，各村（社区）有1支文化志愿者队伍。2016年9月，株洲市举办了全国县级文化志愿服务管理人员培训班①。2017年5月，株洲市在开展文化志愿服务过程中，创新性地建立了网格化文化志愿服务体系，依托现有的行政管理体系，将全市划分成10个区域、1300多个网格，开展文化志愿者招募、注册，将文化骨干、文化能人、文化爱好者等文化志愿服务人员配置到网格中，做到工作延伸在网格、任务落实在网格、力量下沉到网格，为居民提供更加精准的公共文化服务。2017年12月，由株洲市自主研发的“株洲市文化志愿者网格化平台”正式上线，株洲市文体广电新闻出版局发布《关于文化志愿者注册登记相关工作的通知》，督促各单位抓紧做好文化志愿网络注册工作②。2018年9月，株洲市文体广电新闻出版局发布了《株洲市深化文化志愿服务网格化管理方案（征求意见稿）》，就文化志愿服务网格化管理考核、政策激励、阵地建设等工作进行了部署③。

此外，株洲市还通过文化人才扶贫工程加强基层文化队伍建设，具体措施有：举办基层文化人才培训班，对贫困地区文化人才进行专门培训，提高文化工作技能和水平；组织市、县各级文化馆、图书馆等专业技术人员，深入贫困村加强业务指导，开展结对帮扶，培训文化人才，变“送文化”为“种文化”；在职称评审、高层次人才推荐、评选树优中向基层一线文化工作者倾斜④。

不断完善和创新的人才政策保障和措施，提升了公共文化服务的人才数量与质量。株洲市图书馆目前在职员工42人，其中中级职称18人、高级职称7人；高级职称员工占近17%，远远高出文化部第六次全国县级以上公共

① 株洲市文体广电新闻出版局.全国县级文化志愿服务管理人员培训班在株洲举办[EB/OL].[2019-09-27].http://www.zhuzhou.gov.cn/articles/628/2016-9/109236.html.

② 株洲市文体广电新闻出版局.关于文化志愿者注册登记相关工作的通知[EB/OL].[2019-09-27].http://zwgk.zhuzhou.gov.cn/web10/site/articles/1302/2017-11/111823.html.

③ 株洲市文体广电新闻出版局.株洲市举办文化志愿服务网格化管理培训班[EB/OL].[2019-09-27].http://wtgxj.zhuzhou.gov.cn//articles/1339/2018-9/201063.html.

④ 株洲市文体广电新闻出版局.株洲市文体广电新闻出版局关于印发《2017年文化扶贫工程实施方案》的通知[EB/OL].[2019-09-27].http://zwgk.zhuzhou.gov.cn/web10/site//articles/1302/2017-4/106572.html.

图书馆评估定级人员保障对应的最高指标值。为进一步提升馆员业务素质，株洲市图书馆不定期举办员工业务培训、继续教育，将每周二定为全馆业务学习时间，学习、研究、探讨图书馆的相关业务工作，如新形势下图书馆的转型和发展、图书馆总分馆建设、数字图书馆发展等。馆外培训包括人力资源培训、全国图书馆少年儿童经典阅读推广培训班、图书馆阅读推广理论与实践高级研修班、数字图书馆推广工程公共图书馆决策咨询服务培训班等，年均参加全省学术活动和业务活动达到5.25次，年均参加全国性学术活动和业务活动达到4.5次。此外，株洲市图书馆还拥有12支志愿者团队，约4000多名志愿者活跃在图书馆开展的丰富多彩的文化活动中，同时深入村镇、社区开展文化志愿活动，极大地提升了图书馆的服务水平。2018年11月22日，“湖南省2018年文化志愿服务工作总结表彰暨2019年文化志愿服务工作启动仪式”在郴州市举行，株洲市图书馆的“阅读推广——让城市溢满书香”和株洲市文化馆的“社区大舞台”两个项目被评为2018年基层文化志愿服务示范项目①。

第三节　株洲市图书馆社区服务实践

一、覆盖全市的服务网络

1. 总分馆建设

2016年6月，株洲市文体广电新闻出版局印发《株洲市加快图书馆总分馆建设的方案》，对全市图书馆总分馆建设目标、实施步骤等进行了具体部署，提出“以保障全市居民基本文化权益、满足文化需求为出发点，按照普遍均等、方便快捷的要求，加快构建以株洲市图书馆为总馆，各县市区公共图书馆为中心馆，其他各类型图书馆（室）——包括各街道（社区）图书馆、各机关事业单位图书馆、民营图书馆、24小时智能书屋、农家书屋等为

① 株洲市文体广电新闻出版局. 株洲市文化志愿服务队在全省受表彰[EB/OL].[2019-09-27]. http://wtgxj.zhuzhou.gov.cn/articles/1339/2018-11/207422.html.

补充，吸纳大型企业、高校等其他单位图书馆加盟的图书馆总分馆服务体系，基本形成全市图书馆（室）全覆盖”的总体目标。具体建设目标为：建立以株洲市图书馆为总馆，各类型图书馆（室）为分馆的总分馆模式，实现通借通还的文献资源协同采购和配送，优化全市文献资源布局；建立联合编目中心，统一检索，实现文献编目工作标准化和规范化，降低编目成本；实行书刊借阅“身份证通”，即用身份证代替读者证在全市范围内实现通借通还，打破各自为阵的服务模式，提高图书馆一体化配套服务效能和服务覆盖率，方便读者；共建、共享各类型数字资源，激活株洲市现有文化资源存量，实现图书馆资源的优化组合与共享。其中分馆的运作流程为：由各县（市）区、街道（社区）、民间图书馆、农家书屋、各机关事业单位向总馆提出申请；总馆现场考察分馆办馆条件，若条件合格则总馆与分馆签订合作协议，由总馆统一组织对分馆人员进行培训与考核；总馆对分馆进行授牌。总馆每年度对各分馆业务情况进行考核评比。

经过努力，目前，株洲市已建成以市图书馆为中心馆，各县市图书馆为总馆，各机关、企业、学校、社区等图书馆为分馆，142 个流通点、16 个 24 小时智能书屋和 1500 多家农家书屋为框架的总分馆服务模式，构建了“大阅读”格局，实现了“市区有总馆、县城有分馆、乡镇有网点、农村有书屋”的目标。株洲市图书馆发挥中心馆的纽带作用，将区域内各类型的图书馆联合起来，采用 RFID 技术和自助借还设施，中心馆、总馆、分馆和 24 小时智能书屋实行“全公益、零门槛”通借通还免费开放；实现“十个统一”，包括统一标识标牌、统一软件系统、统一采编编目、统一平台检索、统一借还规则、统一用技术标准、统一服务标准、统一管理、统一配送和统一考核，将分散、孤岛式的公共图书馆建设成为一个上下贯通、广泛互联的统一服务体系，被业界专家称之为总分馆服务的“株洲模式”。在市区，已建成规划展览馆、市房产局、市财政局、市委、市科技局、市经信委、市军干所、市传媒大厦、石峰地税等机关事业单位分馆；月形巷社区、七斗冲社区、山塘书屋、袁家湾社区等社区分馆；服饰城、中小微企业、市干幼稚园、荷塘区工业园等企业分馆；栗雨广场、清石广场、神农城广场、华润万家广场、中心广场、神农公园等 24 小时智能书屋，进一步将图书馆服务延伸到社区、公园等公共场所，形成布点合理、方便快捷的智能图书馆群。

图 5－1　株洲市图书馆 24 小时智能书屋

与此同时，县级图书馆总分馆建设也取得了不错的成效。2016 年 11 月，炎陵县和茶陵县被选为湖南省县级图书馆总分馆制建设试点。炎陵县对全县各乡镇综合文化站、机关、学校社区图书室进行了摸底工作，随后成立了以县文体广新局局长为组长的县公共图书馆总分馆制工作协调小组，确定了总分馆建设的总体工作目标，设立了分馆配置标准和服务点规模标准，要求所有公共图书馆信息资源服务免费注册、免费上网、免费查询、免费借阅，形成了“协调机构、工作目标、建设标准、服务标准”的“四个明确”，做到名称、资源、平台、培训的统一，让各乡镇（街道）、村（社区）的分馆在总馆的主导协调下共建共享，充分发挥图书馆职能。目前，炎陵县已经启动了霞阳镇东区社区分馆、新华书店分馆、文体中心分馆等 7 个分馆和炎陵汽车中心站服务点、八马茶馆服务点等 5 个服务点建设，已建成分馆 18 个，流通服务点 12 个。

茶陵县从 2015 年起就启动了县图书馆总分馆建设。该县是重点扶贫县，建馆经费不足，首倡“因地建馆、因人建馆、政府社会齐办馆；精准服务、精准管理、馆员读者共参与”的分馆建设思路，探索出了一条公益性图书馆总分馆建设之路。目前，茶陵县已建成并开放的图书馆分馆有13家，农家书屋218家，延伸服务点141个，均取得了较好的社会效益。

2. 1+1>2的馆际联盟

2016年6月29日，株洲图书馆联盟正式成立。该联盟由株洲市图书馆和湖南工业大学图书馆、湖南铁道职业技术学院图书馆、湖南汽车工程职业学院图书馆等高校图书馆，以及五县市区图书馆等35家不同系统的图书馆构成，下设五个分支，即总分馆联盟分支、公益讲座联盟分支、数字资源共建共享联盟分支、阅读推广联盟分支、展览联盟分支，每个联盟分支明确一个牵头单位，例如，湖南铁道职业技术学院图书馆为电子图书资源共建共享牵头单位。联盟成立后，通过共建共享数字图书馆和加强馆际互借，逐步实现全市图书馆资源借阅“身份证通”的服务体系。同时开展地方文献资源联合征集、地方特色数据库建设，这是株洲市首次实现公共图书馆和高校图书馆的资源共享。除此之外，联盟内各图书馆还可彼此交换馆员、互相参观访问或交流经验以提升彼此办馆实力。

3. 长株潭图书馆公共服务一体化

2018年11月30日，为深入推进长株潭城市群一体化发展，加强三市协同和联动，长沙、株洲、湘潭三市签署了《长株潭城市群一体化发展行动计划（2018—2019年）》，将“共同推进三市图书馆、文化馆、博物馆等公共服务设施共建共享，实现对三市市民免费开放”作为主要任务之一。随后，长株潭三市讨论通过了《关于推进长株潭公共文化服务一体化工作方案》，并制定了《2019年长株潭公共文化服务一体化工作计划》。根据该计划，长株潭三市将建立长株潭数字图书馆，三地根据自身特色，购买数字资源及设备，做到优势互补、资源共享，避免浪费，并打通三馆数据资源库，统一使用身份证登录，方便市民查阅。利用互联网手段，实现三市图书馆通借通还。组建长株潭图书馆联盟，开展学术研讨、展览展示等活动，提高服务水平。同时，还将策划、组织三地各自的特色读者活动，三市共同参与，增强交流，互相支持。2019年2月26日上午，由株洲市图书馆组织召开的长株潭公共图书馆服务一体化联席会议在长沙召开，会议围绕如何推动三市数字图书馆共建共享，加快实现三市图书通借通还，组建长株潭图书馆讲座、展览、读书活动联盟，怎样解决推进三市公共图书馆服务一体化中存在的障碍及困难等方面内容进行了深入探讨。目前，三地图书馆正密切联系和沟通，积极落实图书馆服务一体化工作计划，争取早日让三地市民享受优势互补、资源共享的一体化服务。

图 5－2　2019 年长株潭公共文化服务一体化座谈会

二、老年人和少儿服务

老年人和少年儿童是图书馆社区服务的主要对象，株洲市图书馆下大力气从硬件、资源、活动设计、服务范围方面着手，改善和提升服务质量，在社区居民中树立了良好的图书馆形象，扩大了图书馆的社会影响力，一些活动尤其是少儿活动甚至上升为省级活动，参与人数逐年增加。

1. 少儿服务

少儿服务空间和设施的提质改造。2017 年 4 月 12 日，中国图书馆学会“2017 全国少年儿童阅读年”系列活动启动仪式暨“株洲读书月”十周年庆典在株洲开幕，作为活动内容之一的株洲市图书馆绘本馆正式对外开放。绘本馆面积140平方米，分为开放书架、儿童游戏区、阅读区、视听区等多个区域，主要有藏书与借阅、阅读与分享、表演与分享等功能，现有绘本8000余册，形成了以主题绘本、外文原版绘本、分级绘本为特色的馆藏。绘本馆开放以来，每个周末以绘本为载体，围绕绘本主题，开展“绘本讲故事”“绘本画画”“自己动手制作绘本”等情景式、多元化的儿童早期教育活动和相关课程，形成了一系列幼儿阅读推广活动品牌，如深受儿童欢迎的“原版经典英文绘本阅读”活动以原版英文绘本为载体，开展有趣互动的活动，已吸引了众多儿童参与。绘本馆让全市的孩子们感受到了绘本的无穷魅力，取得了良好的社会效益，连续两年被中国图书馆学会评为“全国十佳绘本馆”。2018年，株洲市图书馆又投入90多万元对株洲市少年儿童图书馆（少儿图书阅览室）完成提质改造并对外开放。全新的少儿图书阅览室位于图书馆二栋一楼，面积近500平方米，藏书约9万册，重新定制了少儿书架、加装了空调新风系统，先后添置了少儿学习一体机、绘本阅读机、少儿听书机、少儿电影播放等设备，为少儿读者免费提供电子图书、课外学习视频等资料。在功能分区上进行了人性化的动静分离，设有阅读区、休闲区、活动区、体验区等，可以同时容纳200多个小朋友阅读，成为株洲市图书馆开展少儿阅读及推广活动的主要阵地。

精彩纷呈的少儿活动。2013年，株洲市图书馆专设少儿活动中心（后改为公共服务部），举办各类少儿活动，活动形式有公益课堂、影视播放、展览展示、赛事、科普、读书、手工等。例如，图书馆推出“小豌豆”公益活动，采用“精品小餐”和“节假日大餐”相结合的方式，做到“人人可参与，人人喜欢来，人人有收获”。其系列活动包括亲子手工秀、机器人活动、公益课堂、儿童影院、小豌豆故事吧、绘本课堂、梦想大舞台等，每年举办300多场，参与的小朋友和家长达10万余人次。2014年以来，为了让孩子们度过一个知识性、趣味性、娱乐性的寒暑假，图书馆开展“书香伴成长，快乐过假期”寒暑假系列活动，坚持假期里天天有活动，每年活动场次达200多场，参与读者3万多人次。

表 5－1　株洲市图书馆 2019 年暑假部分活动一览

时间	活动内容
7 月 8 日— 8 月 16 日	“爸妈去上班，我去图书馆”活动：图书馆招募了一批志愿者老师，免费开设美术、声乐、英语、朗诵、主持、奥数、作文、专注力等课程，并辅导孩子作业。分班分批，每批时长一周，每班 30—40 人。
7 月—8 月	“小豌豆”公益课堂：开设机器人、插花、小主持、品茶读诗、创意美术、手工创意等课堂，让小朋友体验“玩中学、学中玩”乐趣。
7 月—9 月	“i 阅读”活动：市图书馆与市教育局联合推出“i 阅读”活动。其中，市图书馆为小学、初高中生提供“i 阅读”书单的所有书籍，并组织专家对征文进行评审。
7 月—8 月	“读绘经典”图像阅读与创作比赛：面向全市征集与经典阅读和传统文化元素相关的原创绘画类作品，并组织参加全国“读绘经典”大赛。
7 月—8 月	“安全小卫士”：邀请蓝天救援志愿者为小朋友传授 1—2 场减灾自救知识，模拟火灾、地震等“灾害现场”，让孩子们“亲历”灾难，勇敢“逃生”。另外还传授溺水、中毒等自救办法。
7 月—8 月 每周二至周四	“小小图书管理员”活动：通过整理图书、维持秩序等工作，并参加讲故事、看电影等活动，实践时长满 12 小时，圆满完成志愿活动且考核良好并全勤，可申请开具社会实践证明材料。每期 12 人（年龄 9 岁—14 岁）。

图 5－3　暑假系列活动“安全小卫士”

图 5－4　“小小图书管理员”正在进行新书上架

图 5－5　小豌豆公益课堂——传承剪纸手工

2014 年，为提高少年儿童的综合素质，以活动促阅读，增强儿童讲故事的兴趣，给少年儿童提供一个展现自我的平台，营造一个学说话、敢说话、会说话、勇于表达的氛围，株洲市图书馆举办了首届“少儿故事大王”大奖赛，吸引了众多小读者参与。由于活动门槛低，参与性强，此后参与人数连年增长，影响力逐年扩大，每年参赛选手达到1万余人。2018年上升为湖南省“少儿故事大王”大奖赛，吸引了湘西自治州、怀化、娄底、邵阳、益阳、常德、郴州、永州以及株洲等全省9个地级市的4万多名少儿参加，历时两个月，为全省少年儿童提供了一个锻炼自我、展现自我的平台。由于“少儿故事大王”大奖赛的初赛、复赛均在各区县图书馆举办，部分学校和社区还设置了分赛场，影响范围广，参与人数多，儿童参与的同时也间接带动了成年人参与图书馆活动的热情，极大地增强了基层和社区居民的图书馆意识。

图5－6　株洲市第五届“少儿故事大王”大奖赛

2. 老年人服务

关爱老年人，为老年读者服务是公共图书馆的一项社会义务。株洲市图书馆为老年读者营造了一个和谐、温馨和舒适的学习环境，为给老年读者提供更多更好的服务，在充分满足老年读者对图书文献的需求上做了一系列的工作。

首先，优化馆内环境，设置符合老年人特点的书架、桌椅、图书报刊、饮水机、常用急救药箱、指示牌等。为老年读者提供专门的通道，书架报刊的设置也考虑到老年读者的取阅方便，报夹用大号字体标注，使大多数老年人在图书馆里感到满意亲切。

其次，做好老年人优质服务，坚持从细微处着眼，热情细致，不厌其烦地做好咨询等服务。例如，老年人往往行动迟缓，语言表达不清，接待他们时应热心、耐心。根据老年读者类型、阅读心理区别对待，提供针对性的指导和咨询，例如，对喜爱休闲娱乐型书籍的老年读者，会针对性提供一些基础性、简易性、实用性的休闲娱乐书刊和保健知识方面的图书材料。

再次，市图书馆推出系列老年人服务活动，如举办“活到老学到老”老年摄影比赛活动，作品、诗词七天乐活动，关注老年人身心健康公益讲座，重阳节老年公寓服务活动，老年人电影放映等，充实他们的晚年生活。

3. *为其他弱势群体提供的服务*

株洲市图书馆开展的一系列助残助弱活动包括“我们共有一个家”系列活动，残疾人免费观看 3D 电影活动，向盲人捐赠听书设备以及中秋节、元旦等节日的助残文艺联欢会等；对农民工开展城市书吧、“关爱农民工行动——技能培训”活动、工地书屋等活动。此外，还制定了一系列服务保障措施，配备了盲人阅览室、轮椅、雨伞等特殊人员服务设施。2019 年 9 月 27 日晚，在新中国成立 70 周年之际，由株洲市图书馆主办，株洲市温心公益协会、株洲市温心残友艺术团承办的“盛世华诞 · 荣耀中华”助残公益文艺晚会在株洲市图书馆隆重上演，用载歌载舞的方式喜迎国庆佳节，让残疾人感受到社会大家庭的温暖。

图 5－7　株洲市图书馆向残障人士赠送听书设备

图 5－8　“盛世华诞·荣耀中华”助残公益文艺晚会

三、志愿者助力文化服务

为提升服务水平，满足越来越多读者的需求，株洲市图书馆先后成立了“故事妈妈”、道德讲堂、“小豌豆”活动、寒暑假系列活动、神农大讲坛、ZT 书友圈等 12 支志愿者团队，约 4000 多名志愿者活跃在图书馆开展的丰富多彩的文化活动中。志愿者在提供志愿服务的同时，也成为图书馆忠实的读者。2006 年，株洲市图书馆创立面向全体市民的公益性讲坛——神农大讲坛。从 2011 年 4 月开始，神农大讲坛每周六开讲，从文学艺术到健康养生、青少年成长等，内容包罗万象。为了办好这一讲坛，部分走上讲坛的专家教授和长期服务于听众的工作人员自发组织成立了神农大讲坛志愿者团队。自 2011 年以来，该团队发扬勇于创新、乐于奉献、坚持不懈的精神，为广大听众提供了 250 多场优质讲座，曾邀请斯琴高娃、余秋雨、纪连海、王蒙等多位名家大家走进图书馆。神农大讲坛已成为株洲市民获取知识与信息的重要平台，被亲切地称为“城市教室，市民课堂”。

图 5－9　余秋雨“知识就是力量 读书改变人生”讲座

图 5－10　株洲市图书馆志愿者服务团队

在寒暑假系列活动中也活跃着众多志愿者的身影，如“爸妈去上班，我去图书馆”活动免费开设的美术、声乐、英语、朗诵、主持、奥数、作文、专注力等课程，由图书馆招募的志愿者老师完成；“安全小卫士”活动讲授的减灾自救知识则由蓝天救援志愿者完成。道德讲堂志愿服务团队在两年时间内已累计组织宣讲100多场，受众达3万人；“小豌豆”志愿者每年举办300多场活动，参与的小朋友和家长近10万人。近几年，株洲市图书馆还组织文化志愿者深入村镇、社区开展学雷锋活动500多场，受众7万人次，组织“走进福利院”和“你我拉手，书香共享”公益捐书等活动100多场，为特殊人群送图书近万册，捐赠衣物2万多件。以每年3月5日的“学雷锋日”为契机，图书馆组织开展志愿服务宣传、书籍推荐、花艺公益讲座、全家福美照、亲子剪纸乐、公益电影展、机器人课堂学习等一系列公益活动，吸引市民前来参与。每年的“学雷锋日”，在株洲市图书馆总、分馆以及二十四小时智能书屋，随处可见志愿者的身影。2018年3月2日，中宣部第四批全国学雷锋活动示范点（50个）名单发布，株洲市图书馆是株洲市唯一一个当选单位，全湖南省只有两个单位上榜。

为进一步推动图书馆志愿者工作，带动更多市民参与进来，株洲市图书馆还不定期召开志愿者座谈会，一方面交流心得体会，分享各自志愿服务的经验，另一方面也为读者服务工作建言献策。

图5-11　志愿者组织的暑期系列活动

表 5－2　株洲市图书馆部分活动志愿者招募要求

招募对象	服务方式	服务内容
具有一定的道德素养，在身边和社会具有一定影响力，常年从事好人好事，热心投入道德宣传活动，对讲演有一定兴趣的人	1. 道德模范 2. 道德讲堂主持人 3. 协助工作人员做好相关工作 4. 做好后勤保障服务工作	株洲市道德讲堂
具有一定的专业知识及特长，或多年从事学术教育研究的专家、学者	1. 授课老师 2. 宣传、照相 3. 协助工作人员做好相关工作 4. 维护课堂秩序 5. 具备医疗常识，更好地服务于残障人士 6. 做好后勤保障工作	株洲市神农大讲坛
有爱心的幼儿家长、老师、大学生以及具有一定艺术特长或多年从事幼儿教育的研究人员	1. 为公益课堂小朋友们授课 2. 协助图书馆工作人员组织活动 3. 看管小孩，维护秩序 4. 做好报道和宣传、照相	株洲市少儿公益课堂

四、夜间延时开放服务

由于株洲市图书馆是建在公园内的图书馆，晚上来公园散步活动的市民希望能进馆阅读，其中有很多白天没时间进馆的上班族和儿童。为满足读者需求，2016 年 7 月 1 日，株洲市图书馆开始执行夜间开放模式，上午 8 点半开馆，晚上 9 点半闭馆，开放时间从原来的每天 9 小时延长至 13 小时，且馆内所有场馆和窗口全面延时开放，暑假期间原定周二闭馆日也正常开放。但在推行夜间延时开放服务初期也遇到了很多困难：

首先，馆员的思想观念有待转变，很多馆员对夜间延时开放不理解，认为工作时间延长了，下班太晚回家交通有困难，也有的担心读者夜间进馆不踊跃。随着夜间开放取得的成效显著和读者的普遍赞誉、积极参与，馆员也在延时开放的过程中越来越感受到图书馆人的价值和工作的成就感，逐渐适应了延时后的工作时间。

其次，人力成本、水电等方面增加的经费投入也成为延时开放不可回避的关键问题。在株洲市各级有关部门和公共文化场馆免费开放专项资金的支持下，株洲市图书馆每年用于延时开放的经费约为60万元，使延时开放服务得以持续有效地开展。为配合夜间延时开放，株洲市图书馆加大力度策划推出了形式多样的夜间阅读活动，2018年全年开展阅读推广活动600多场；2019年仅暑期2个月，就推出活动300多场。日益丰富的读书活动，吸引了广大读者的参与，来图书馆的人越来越多，图书馆在老百姓中的口碑也越来越好。据统计，推行夜间延时开放服务3年来，株洲市图书馆的进馆人数从2015年的60多万人次增长至2018年的120余万人次，注册读者突破15万人；在电子阅读的巨大冲击下，图书借阅量不降反增，从2015年的40多万册到2018年突破百万册，株洲市图书馆成为株洲市最为繁忙的公共文化场所之一。

图5-12　夜间开放的株洲市图书馆流通人次实时统计

图 5 – 13　夜间来图书馆参加活动的读者

图 5 – 14　傍晚在图书馆参加绘本故事共读活动的孩子们

五、场地预约服务

2016年11月，为提高场地利用率，借助社会各界的力量开展更多有品质的公益活动，让更多的人走进图书馆、利用及享受图书馆，株洲市图书馆决定利用馆内多个活动场所的空闲时段，面向社会群团组织和个人提供对外预约服务，申请者只需携带身份证和与活动相关的资质证明（单位或社团请携公章），到图书馆办公室填写场地预约审批表即可。可预约借用的场地包括位于一楼的展厅和位于二楼的神农大讲坛、诗词馆、书吧、志愿者之家和影音室（见表5-3）。2017年1月，为进一步方便广大读者，株洲市图书馆推出微信预约功能，读者只需关注图书馆微信公众号并注册后即可根据自己的需要进行场地预约。

表5-3 株洲市图书馆可预约借用场地一览表

场地名称	设备配置	可预约时间段	适合活动
神农大讲坛	音响、话筒、投影仪、幕布等；座位数100	周一至周日 9：00—12：00， 14：30—17：30	讲座、公益课堂等
诗词馆	投影仪、幕布等；座位数24（最多可加至50）	周一至周日 9：00—12：00， 14：30—17：30	沙龙、分享会、小型讲座等
书吧	投影仪、幕布、儿童学习一体机等；座位数50	周一至周日 9：00—12：00， 14：30—17：30	互动活动、小课堂等
志愿者之家	投影仪、幕布等；座位数40（最多加至60）	周一至周日 9：00—12：00， 14：30—17：30	交流会、互动活动等
影音室	投影仪、幕布、放映及音响设备一套等；座位数50	周一至周日 9：00—12：00， 14：30—21：00	观影、会议等
展厅	书画作品挂绳、玻璃展台	周一至周日 9：00—12：00， 14：30—21：00	摄影、书画、艺术品等的展览、展示

图 5－15　神农大讲坛

图 5－16　诗词馆

图 5－17　书吧

图 5－18　志愿者之家

图 5－19　影音室

图 5－20　展厅

六、线上线下定制化阅读服务

2010 年 5 月，株洲市图书馆推出“你读书，我买单”活动，将采购新书的权利交到读者手里，即在活动期间，株洲市图书馆每天安排专人专柜在新华书店为读者办理借阅证和特殊的借书手续，市民可以在新华书店选择喜欢的新书，办理手续后就能借回家看，图书馆统一与书店结账购买，读者归还后则成为图书馆藏书。在首期 10 天的活动期间，株洲市民共办理借阅证 850 个，借走新书 1465 本，活动期间新增的借阅证数量约是图书馆上一年度全年借阅证数量的 2 倍。从 2015 年 5 月 29 日起，“你读书，我买单”活动升级为常态化，即在开馆期间均可到书店直接借阅馆藏 10 本以内，除纯外文书、卡片书、工具书、教辅教材等以外的新书，便捷度大大提升。

2015 年 11 月 11 日，为满足读者在线阅读和购书的需求，株洲市图书馆又推出“E 线送书”活动，按照“互联网 + 图书馆”的服务理念，让读者能在网上选书，不出门就能收到自己想看的书，享受到图书馆的服务。该活动面向株洲市图书馆的注册读者（市民持身份证在株洲市图书馆、各分馆及自助图书馆的自助借还机上均可免费注册），读者在“当当网”上挑选好图书后，把购书网址、个人姓名、身份证及手机号码、收货地址发送到株洲市图书馆官方邮箱，图书馆的工作人员将按顺序处理邮件，在 1 个工作日内给予回复。如果读者所选的图书不在选购范围内，工作人员会给出答复，明确告知原因；若是通过了审核，图书馆就会付款并在网上办理外借手续，并将读者选好的书籍直接邮寄到家。读者阅读完书籍后，直接将书籍归还图书馆即可。除纯外文书籍、教辅教材、工具书、音像制品、少儿卡片图书，以及超过 5 本的套装书外，其他类型的书籍都会被纳入选购范围，但图书馆对图书的复本数量进行适当控制：即畅销书复本数量不超过 15 本，其余书籍复本数量不超过 5 本。每位读者每月只能参加一次活动，每次选择的图书不能超过 2 本。2015 年 12 月 7 日，“E 线送书”活动上线还不到一个月，便有 846 位读者参与，906 册共计 2. 67335 万元由读者自己上网选择的图书派送到他们手中。“E 线送书”活动极大地提高了新书的流通率和利用率，读者的参与和阅读热情也随之高涨。2017 年，“E 线送书”活动的购书网站增加了京东和亚马逊，读者的选书范围更广，种类更丰富，更容易找到适合自己的图书。

从 2015 年 5 月 1 日起，株洲市图书馆就在全省率先使用身份证代替借阅证的方式，取消了保证金，市民只需用身份证登记，便可从馆内借阅，同时可随时参加线下图书馆、线上购书网站的定制活动，株洲市图书馆被誉为“门槛最低的图书馆”。

七、阅读团体的建立和活动开展

根据《湖南省 14 个市州城市阅读指数调研报告》，2017 年株洲市城市阅读指数总得分为 70.46 分，在 14 个地级市中阅读指数得分排名第二位，仅次于长沙市，这是株洲市连续 4 年在全省排名第二。数据显示，株洲的阅读满意度得分 75.93 分，在 14 个市州中排名第一，公众对阅读宣传力度满意度、对公共阅读设施满意度和对居民实际阅读行为满意度均得分较高，说明株洲市在营造阅读环境的各个方面均能给市民提供更多的便利与资源，公众对于自身阅读情况以及政府媒体对阅读的宣传力度相对满意。全民阅读推广取得如此好的成绩，公共图书馆功不可没。近几年来，株洲市图书馆以“推动全民阅读、建立书香社会”为己任，以图书馆为阵地，大力推进全民阅读进农村、进社区、进家庭、进学校、进机关、进企业、进军营，每年都组织策划大量的阅读推广活动，年活动量超过 800 场，并连续 12 年承办株洲市委宣传部组织的“株洲读书月”活动，2019 年仅启动仪式参与人数就达到了 5 万余人。在此基础上，为推动全民阅读活动更加精准有效地开展，2018 年起，株洲市图书馆发起并成立了株洲市阅读联合会、株洲市图书馆朗诵艺术团和少儿朗诵艺术团，让全民阅读的“种子”更加精准地在社区撒播。

1. 株洲市阅读联合会

为使阅读活动在更大范围内开展，吸引更多读者参与，2018 年 1 月，由株洲市图书馆发起，各社会组织、民间机构、机关单位、书店参与的公益性阅读组织——株洲市阅读联合会正式成立（以下简称联合会）。联合会自成立以来，积极主动协助机关、企事业单位、学校、民间组织等成立读书组织，播撒全民阅读的“种子”，并帮助各类型读书会开展活动。联合会中所有的读书团队均为公益性质，市民可免费加入并参加活动。活动形式分为线上和线下两大类，线上建微信群每日读书，线下开展名家讲话、思想论坛、亲子阅读、朗诵沙龙、传统文化雅集等各种类型和内容丰富的活动。联合会成立一年多来，已协助成立了吾道读书会、因诵结缘、甲一坊读书会、方唯书友会、住建读书会、荷塘读书会、茶陵县洣江书香读书会等社会读书组织 41 家，涌现了“ZT 书友圈”“读读书吧”“少年讲坛”“杜超讲书”“小鱼故事会”等读书活动品牌。2018 年联合会及其成员单位共开展各类活动 1000 多场，参与人数达到 20 多万人次；主办的“图书馆奇妙夜”帐篷节、余秀华新书《无端欢喜》分享会、大型语言艺术公益讲座“朗诵艺术”、聂鑫森文学作品赏析会、王蒙“道通为一”讲座、张皓宸新书《最初之前》见面会等活动在读者中产生了很大的影响。2019 年在株洲读书月全年开展的 540 多项读书活动中，由社会读书组织开展的活动将达到 181 场（次），超过 2019 年度活动总数的 30%。目前，联合会基本上做到了每天都有活动，日日都有分享，为推动株洲市全民阅读资源整合与共享起到了积极作用。

2019 年 5 月 28 日，株洲市阅读联合会授牌暨表彰大会在株洲市图书馆举行，联合会为其成员单位正式授牌。株洲市委宣传部、市文化旅游广电体育局、市社会科学界联合会等相关领导出席了授牌仪式，会上还对 5 家最美读书会、5 家优秀读书会、8 个优秀阅读品牌、10 名优秀阅读推广人进行了表彰。

2. 株洲市图书馆朗诵艺术团和少儿朗诵艺术团

2018 年 9 月，株洲市图书馆朗诵艺术团和少儿朗诵艺术团成立。两个艺术团均为非营利性社团，凡热爱朗诵、演讲等语言艺术，并具有一定的专业水平，同时有一定的业余时间，能积极参加朗诵团的训练和各项活动的成年人和 8 至 12 周岁的儿童均可报名参加。成立朗诵艺术团的目的是通过朗诵专家的系列公益培训，提升社团成员的朗诵水平、舞台表演力，在实践活动中培养主动探究、团结合作的精神，通过开展培训、交流、表演、比赛等活动，打造具有一定专业水准的朗诵团队，从而提升社区居民和儿童的朗诵和阅读积极性。

为激发市民的朗诵热情，2018 年 1 月 2 日，在株洲市文化旅游广电体育局的支持下，株洲市图书馆举办了“走向新时代”2018 新年诗会，10 多位朗诵艺术家用声音和诗句讴歌美好生活。在活动中，株洲市图书馆朗诵艺术团和少儿朗诵艺术团宣布面向社会招募团员，得到了市民的积极响应。经过一年多的发展，目前两个朗诵艺术团共有成员 100 余人，丰富多彩的诵读活动使其在读者中的影响力不断扩大。2019 年 9 月，株洲市图书馆少儿朗诵艺术团 7 名团员在“我听·我读：我和我的祖国——2019 年全国少儿读者朗诵大赛”湖南分赛区总决赛中分别获得了冠、亚、季军以及一等奖。

图 5－21　株洲市图书馆少儿朗诵艺术团 2019 年暑假“塑造美的声音”系列培训课

图 5－22　株洲市图书馆朗诵艺术团朗诵沙龙活动

八、新技术在读者服务中的应用

为满足新技术环境下读者的需求，株洲市图书馆时刻关注新技术，把握图书馆现代化技术发展的动向，建立了具有鲜明地方特色的株洲市数字图书馆、微信图书馆和移动图书馆，购买和试用的数据库达 30 多个，建成了株洲名人、炎帝文化、醴陵陶瓷、醴陵烟花四个特色数据库。自主开发了智慧图书馆管理平台和株洲图书馆大数据智慧墙。图书馆的智能化、信息化建设走在全省乃至全国的前列。

2015 年 10 月，株洲市图书馆首家“24 小时智能书屋”在荷塘区茨菇塘街道 601 社区对外开放，这是株洲市图书馆应用最新技术方便读者的又一重大举措。“24 小时智能书屋”采用智能设备，书屋内的灯、门、窗、触控开关及空调、电视、电脑等设备，均可以通过手机随时随地进行远程控制，并自动统计书屋馆藏书目、入馆人流和借还册数，其智能安全用电、场景关联、联动报警等装置，可对书屋进行安全保障。若读者在借阅过程中遇到困难，图书馆工作人员还可以通过对讲系统指导读者操作。

2018 年 9 月，株洲市图书馆正式启用“人脸识别”技术，读者无须携带身份证，只需几秒钟，“刷脸”即可借图书。为了满足不同类型读者的需求，株洲市图书馆应用新技术相继开辟了多种借还书方式：如适合熟悉网络的年轻人的支付宝、微信借阅方式，适合不常带手机人群的身份证借阅方式，而“人脸识别”则更适合没有身份证的儿童以及不常带身份证和操作手机困难的老年读者。

图 5－23　株洲市图书馆人脸识别借书功能展示

2019 年 9 月，为了满足年轻读者电子阅读的需求，株洲市图书馆新增“瀑布流”电子图书借阅机，提供 1500 余种正版期刊、近 10 000 册热门畅销图书和 5000 小时的有声图书，涵盖名家经典、大众社科、历史文化、经济管理、医药保健等内容。市民通过“瀑布流”电子图书借阅机触摸屏，可浏览图书简介、试读图书内容，也可按照自己的习惯在屏幕上拖动页面调整阅读位置；通过微信扫描图书二维码，可将电子书收藏或下载到手机，下载后的电子书无阅读时间限制，无须阅读流量。

2019 年，株洲成为中国移动全国 52 个 5G 试点城市之一，年底前有望实现主城区 5G 网络全覆盖。株洲市图书馆将借 5G 数据支撑的优势，率先推进“5G 与图书馆相结合发展”的新模式。未来几年，株洲市图书馆将重点打造数字资源库，丰富数据库内容，除电子书外，将重点增加影视和课堂学习视频资源；优化人脸识别系统，将其服务范围进一步扩展；利用 5G 技术为每位读者打造私人图书馆，根据市民个人喜好，进行相关书籍和视频资源的推送。